固定资产投资融资

中国实践与国际经验

邹晓梅 著

中国出版集团 东方出版中心

图书在版编目 (CIP) 数据

固定资产投资融资：中国实践与国际经验 / 邹晓梅
著. -- 上海：东方出版中心, 2024. 11. -- ISBN 978
-7-5473-2569-8

Ⅰ. F830. 59

中国国家版本馆 CIP 数据核字第 2024RF9046 号

固定资产投资融资：中国实践与国际经验

著　　者　邹晓梅
责任编辑　李　琳
封面设计　余佳佳

出 版 人　陈义望
出版发行　东方出版中心
地　　址　上海市仙霞路 345 号
邮政编码　200336
电　　话　021 - 62417400
印 刷 者　上海万卷印刷股份有限公司

开　　本　890mm×1240mm　1/32
印　　张　8.5
字　　数　160 千字
版　　次　2024 年 11 月第 1 版
印　　次　2024 年 11 月第 1 次印刷
定　　价　88.00 元

前言

  "二十大"报告提出:"着力扩大内需,增强消费对经济发展的基础性作用和投资对优化供给结构的关键作用。"固定资产投资在经济社会发展中扮演着十分重要的作用,是连接供需两端的重要桥梁,是统筹扩大内需和深化供给侧结构性改革的重要抓手。投资是总需求的重要组成部分,当前,资本形成在我国国内生产总值(GDP)中的占比超过 40%,也就是说,超过 40%的产出用于投资。固定投资在形成固定资产交付使用后,与既有的固定资本、劳动力等生产要素相结合,能提高经济体的潜在产出能力,改变经济体的产出结构。由于劳动力是流动的,因此,建筑物、设备软件等固定资产在行业间、区域间的分布很大程度上决定了经济体的潜在供给结构。随着经济发展和技术进步,固定资产的内涵在不断丰富,从建筑、设备等有形资产向软件、研发、数据等无形资产拓展。加强对固定资产投资相关理论、实践及国际经验的研究具有十分重要的意义。笔者自 2015 年加入国家发展和改革委员会投资所以来,便一直从事与固定资产投资融资相关的研究工作,本书反映了近十年笔者在固定资产投资融资方面的主要研究成果。内容涵盖固定资产投资相关理论、中国固定资产投融资实践、资本存量和投资效益的估算以及美日等经济体的固定资产投融资实践。

第一章，导论。投资在畅通国民经济循环中发挥着重要作用，是将总需求和总供给连接统一起来的桥梁。本章对与固定资产投资有关的重要指标进行介绍和比较，为后续章节的分析提供基础支撑。

第二章，我国投资率变动的趋势研究。消费、投资和净出口是支出法 GDP 核算中的"三驾马车"，本章分析我国投资率变化情况，并结合国际经验判断我国未来投资率变动趋势。虽然我国投资率在国际上仍处于高位，超过世界绝大多数经济体，但近十年，我国投资率整体呈下降趋势，并在较长一段时期内仍将呈下降趋势。投资率下降与人口结构变化、技术进步和产业结构升级等因素有关。

第三章，发挥投资优化供给结构的关键作用研究。本章分析近十年我国固定资产投资变动的特征事实以及新发展阶段投资增长转型的主要方向。中央经济工作会议和政府工作报告均提出要"扩大有效益的投资"。新发展阶段投资增长应更多以扩大消费为导向、以人的发展为导向、创新驱动和绿色驱动。发挥投资优化供给结构的关键作用重点是要形成市场主导的投资内生增长机制，同时，加快建设有利于创新性产业发展的融资机制、有利于降低政府债务负担的长期低成本融资机制、有利于民间投资进入的投资准入机制和有利于扩大内需的收入分配机制。

　　第四章,适度超前开展基础设施投资研究。基础设施具有建设周期长、使用周期长的特征,需要前瞻布局与建设。本章在分析适度超前开展基础设施投资内涵的基础上,总结了改革开放以来我国基础设施投资变动的特征事实。当前,我国基础设施供给能力在各方面显著提高,但是与构建现代化基础设施体系要求相比差距依旧较大。投融资体制不健全导致债务风险过早过快积累,影响后续增长可持续性。适度超前开展基础设施投资要坚持短期和长期、逆周期和跨周期相结合,把握经济社会发展趋势及其对基础设施的影响和要求,明确适度超前开展基础设施投资的方向重点,不断提升基础设施投资效益及增长的可持续性。

　　第五章,促进制造业技术改造投资思路及对策研究。加大制造业技术改造投资力度,有利于促进制造业转型升级、扩大内需和创新成果运用,同时也是制造业绿色发展的内在要求和应对人口老龄化的重要举措。本章分析了制造业技术改造的总体特征和分行业特征,以及推动制造业企业实施技术改造面临的问题及障碍,包括市场需求不足、融资渠道受限和现金流脆弱、人才和技术支撑不够以及政策实施有待完善等方面,并提出针对性的政策建议。

　　第六章,“双碳”领域投资:方向重点和资金保障。我国实现“碳达峰碳中和”目标时间紧、任务重。我国“双碳”领域投资潜力巨大,本章分析了“双碳”领域投资的重点:能源结构调整,以及工业、交通运输和建筑等终端用能部门的节能减排。绿色低碳领域投资面临巨大资金缺口,应通过加快发展全国性碳排放权交易市场，发展绿色金融和转型金融，培育国内 ESG 投资群体等方式，为"双碳"领域投资提供资金保障。

第七章，提高利用外资质量的思路及政策建议。按照登记注册类型，我国将固定资产投资分为内资企业投资和外商企业投资（含港澳台企业）。本章分析我国利用外资的基本情况，以及利用外资面临的新形势新环境，诸如，全球引资竞争加剧，我国利用外资的传统成本优势在减弱、市场优势和技术优势在增加，并购投资快速增长等。我国需要从扩大服务业对外开放、扩大利用外资渠道、持续优化营商环境等方面提高利用外资质量，同时，要完善外商投资管理制度。

第八章和第九章，分行业和分省区固定资本存量和投资效率估算。在经济增长核算、投资效率分析以及潜在产出估计等经济研究领域，资本存量都是一项不可或缺的变量。目前，我国官方尚未对资本存量进行估算。研究显示，我国各行业资本存量快速增长，其中，房地产业、制造业及基础设施相关行业拥有的资本存量最多。由于行业属性不同，各行业间投资效率差异较大。2000年以来，中西部省份资本存量快速增长，东部和东北地区增长相对较缓。从整体和区域内部来看，投资效率与人均资本存量大致呈正相关关系。但是从区域间来看，东部地区投资转化为产出的效率更高，西部地区最低，东部地区更高的全要素生产率有利于减缓资本边际报酬递减规律对投资效率的不利影响。

第十章，美国固定资产投资结构及变化趋势研究。美国是全球最大的经济体，其投资结构变化对研判未来我国投资变动走势具有重要的借鉴意义。本章分析美国固定资产投资结构及演变，并将中美固定资产投资结构进行对比。从美国固定资产投资结构变动趋势来看，技术进步在投资构成变化中发挥重要作用。伴随技术进步和产业结构升级，知识产权产品投资、高技术产业投资在投资中的重要性越来越高。同时，居民消费升级和人口老龄化等因素会带动教育医疗等民生领域投资加快增长。

第十一章，美国市政债券研究。市政债券是美国基础设施建设最重要的融资来源。这是笔者加入投资研究所后开展的第一项研究任务，本章分析了美国市政债券规模和结构特征，总结了美国促进和规范市政债券发展的经验做法，诸如，个人和共同基金投资于绝大部分市政债券所得利息收入可以免缴联邦所得税，通过债券保险等金融工具为市政债券提供外部增信，成立市政债券银行为较小的市政部门提供债券发行服务等。结合彼时我国地方政府债券发展的现状，提出了促进我国地方政府债券市场发展的对策建议。

第十二章，日本地方政府债务融资管理实践研究。我国与日本均属于单一制国家，且金融体系都以间接融资占主导。日本地方政府债务融资管理的实践及经验值得我国借鉴。本章分析了日本地方政府支出与收入结构特征，债务融资结构及模式，债务风险防控体系以及对我国地方政府融资实践的启示。日本地方政府融资形式十分多元，包括中央政府贷款、JFM贷款、在资本市场公开发债募资以及向私人金融机构申请贷款等。日本中央政府出台了多种措施监测和控制地方政府债务风险，诸如，为地方政府债务提供担保，通过地方分配税体系确保地方政府财政收支平衡，建立完备的信息披露机制和风险预警体系等。

　　本书先后得到了多位前辈同仁的悉心指导，他们求真务实的治学精神，激励我在未来宏观经济以及固定资产投融资领域研究中不断前进。限于研究水平，本书依然存在诸多不足之处，请学界同仁指正。

目录

第八章　**中国分行业资本存量与投资效率估算：1981—2022 年**

第九章　**分省区资本存量及投资效率估算：2000—2022 年**

第十章　**美国固定资产投资：结构演变与启示**

第一章

导论

宏观经济运行是一个由产出、收入与需求三阶段组成的无尽循环过程。经济中的生产活动形成产出。产出又变成劳动力、资本、土地等生产要素的回报，并最终形成居民、企业、政府的收入。经济主体在获得收入之后，又把这些收入花出去，形成对经济产品的各种需求，即消费和投资，需求再激发出新一轮的产出。产出、收入、需求三者同时发生、相互影响。其中，从产出到收入是收入分配的问题，从收入到需求是消费和投资行为的问题，从需求到产出是经济总供给和总需求的问题。

一、投资在畅通国民经济循环中发挥重要作用

（一）投资是总需求的重要组成部分

短期内，投资是总需求的重要组成部分，因此，稳投资是稳增长、扩内需的重要抓手，特别是以基础设施和公共服务设施等代表的政府投资削峰填谷、平抑经济波动的作用十分明显。当前，资本形成在我国 GDP 中的占比超过 40％，经济体中超过 40％的产出是用于投资，投资在稳定内需中发挥着十分关键的作用。

经济体的产出可用于满足国内经济主体的消费和投资需求，

也可以满足国外经济主体的消费和投资需求,即出口(公式 1-1);国内经济主体消费和投资所用的产品和服务既可能来自国内,也可能来自国外,即进口(公式 1-2)。公式 1-3 即为支出法 GDP 核算的三大内容,俗称短期经济增长的"三驾马车",即消费、投资和净出口。

$$Y = C_{国内} + I_{国内} + EX \qquad (公式 1-1)$$

$$Y = (C - C_{国外}) + (I - I_{国外}) + EX \qquad (公式 1-2)$$

$$Y = C + I + EX - IM \qquad (公式 1-3)$$

短期来讲,扩大投资有利于增加总需求,降低潜在产出和实际产出之间的缺口,让产能得以实现,避免资源的闲置和浪费。在季度或年度国民收入核算中,通常会对经济增长来源进行分解,披露最终消费支出(简称"消费")、资本形成(简称"投资")、货物和服务净出口三大需求对经济增长的拉动。三大需求对经济增长的拉动与其在 GDP 中的占比和增速有关(见公式 1-4)。利用三大需求对经济增长拉动分别除以经济增速,即可以计算三大需求对经济增长的贡献。

$$\frac{\Delta Y}{Y_{t-1}} = \frac{\Delta C + \Delta I + \Delta NX}{Y_{t-1}}$$

$$= \frac{\Delta C}{C_{t-1}} \frac{C_{t-1}}{Y_{t-1}} + \frac{\Delta I}{I_{t-1}} \frac{I_{t-1}}{Y_{t-1}} + \frac{\Delta NX}{NX_{t-1}} \frac{NX_{t-1}}{Y_{t-1}} \qquad (公式 1-4)$$

其中,Y 表示产出,C 表示消费,I 表示投资,NX 表示净出口。公式右边三项依次表示消费、投资和净出口对经济增长的拉

动。图 1-1 显示了 2001—2023 年三大需求对我国经济增长的
拉动。2001—2010 年,三大需求对我国经济增长的拉动均值依
次为 5.09、5.75 和 −0.28 个百分点;2011—2023 年,三大需求对
我国经济增长的拉动依次为 3.83、2.56 和 0.15 个百分点。2011
年以来,资本形成对我国经济增长的拉动下降明显。

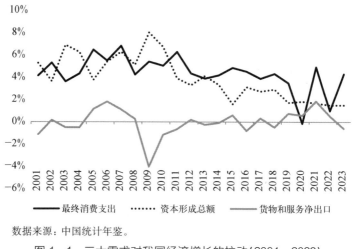

数据来源：中国统计年鉴。

图 1-1　三大需求对我国经济增长的拉动(2001—2023)

(二) 投资是资本积累的手段

投资是固定资本积累的过程。固定投资在形成固定资产交
付使用后,与既有的固定资本、劳动力等生产要素相结合,能提高
经济体的潜在产出,改变经济体的产出结构。由于劳动力是流动
的,因此,厂房、设备、住宅等固定资产在行业间、区域间的分布很

大程度上决定了经济体的潜在供给结构,即,投资在优化供给结构中发挥着关键作用。产业结构形成和发展的基本前提是投资,社会资源在各产业部门之间的配置是通过投资来实现的。今天的产业结构现状是由过去的投资结构形成的,而未来产业结构的变化主要取决于这一时期的投资结构。现有的产业结构是产业结构演进的基础和起点,制约和影响着产业投资结构,决定了产业投资结构的调整方向和程度。

$$Y_t = F_t(K_t, H_t, A_t) \qquad \text{(公式 1-5)}$$

$$K_t = I_t + (1 - \delta_t) K_{t-1} \qquad \text{(公式 1-6)}$$

公式1-5代表了经济体的潜在产出能力。其中,K 为物质资本,包括建筑物、基础设施及设备等;H 为人力资本,由劳动力的数量以及技能水平决定;A 为技术水平。公式1-6是资本积累公式,其中,I 表示投资,δ 表示资本折旧率,当期投资一部分将用于弥补资本折旧,剩余部分将增加经济体的资本存量。

如果经济体的供给结构能够很好地匹配经济体的需求结构,潜在产出就能很好地转化为实际产出,产出缺口就较低。如果经济体的供给结构与需求结构匹配度不高,那么潜在产出就难以实现,就会出现产能过剩和供给不足并存的现象。诸如,随着居民消费升级,如果投资不能及时从重化工业、传统制造业向高技术制造业、服务业倾斜,就会造成传统产业产能过剩;如果交通运输、市政公用事业、教育医疗、房地产等不可移动的服务在区域之间的分布与人口流动趋势不匹配,就会出现部分地区基础设施过剩、公共服务设施闲置,部分地区基础设施短缺、公共服务短板突出等问题。

二、固定资产投资相关指标介绍

当前,我国固定资产投资相关研究主要采用两组数据。一组是 GDP 支出法核算中的资本形成总额或固定资本形成总额,一组是投资统计中的固定资产投资完成额。

(一) 支出法 GDP 核算中的固定资本形成总额

按照支出法 GDP 核算,GDP 可以分为最终消费支出、资本形成总额、货物和服务净出口。资本形成总额可进一步分为固定资本形成总额和存货变动。2000 年以前,存货投资在我国资本形成总额中的占比较高,超过两位数,且波动较大;2000 年以来,存货投资在我国资本形成总额中的占比降至个位数,特别是2015 年以来,基本保持在 1%—3% 的区间波动。我国固定资本形成没有披露行业数据,但在资金流量表中披露了固定资本形成的部门构成,即政府部门、企业部门和居民部门的固定资本形成(见图 1－2)。

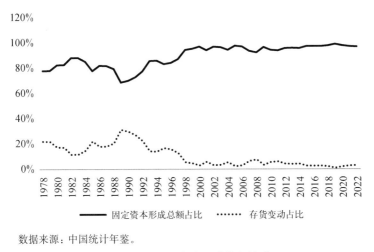

数据来源：中国统计年鉴。

图 1-2 我国资本形成总额构成

(二) 投资统计中的全社会固定资产投资

投资统计中的全社会固定资产投资统计主要服务于建设项目管理的需要，反映全社会固定资产投资规模及详细结构的变化情况。全社会固定资产投资统计包括三部分：1. 500 万元及以上建设项目的固定资产投资的全面调查；2. 房地产开发企业和单位的房地产开发投资的全面调查；3. 农村住户固定资产投资的抽样调查。但是，统计局公布的月度投资数据仅包含前两项，不含农户投资。总体来讲，我国全社会固定资产投资数据的结构信息较为丰富，包含分行业、分构成、分建设性质和分所有制的信息。自 2018 年开始，国家统计局开始着手对投资统计数据进行调整，主要是对投资统计数据挤水分和进行统计口径调整，导致公布的投资规模数和名义增速不一致，且对大部分投资结构数据仅公布名义增速，不再公布规模数。因此，在对固定资产投资结构进行分析的时候需要进行适当修订。

（三）固定资本形成总额和全社会固定资产投资的区别

投资统计中的全社会固定资产投资重点是服务于建设项目管理的需求，反映建设项目的进展及其详细结构，而支出法 GDP 中的固定资本形成总额是用于计算最终需求结构的重要统计指标。许宪春(2013、2014)将固定资本形成总额和全社会固定资产投资口径范围上的区别归纳为四方面：

一是固定资产投资包括土地购置费、旧设备和旧建筑物购置费，固定资本形成总额不包括这些费用。固定资产投资是从建设项目管理需求角度设置的统计指标，凡是建设项目需要支付的费用都包括在固定资产投资中。固定资本形成总额作为支出法 GDP 的构成项目，一定是生产活动创造出来的产品，不是生产活动创造出来的产品不能计入固定资本形成总额。例如，土地购置费是指通过划拨方式或出让方式取得土地使用权而支付的各项费用，土地使用权不是生产活动的成果，所以固定资本形成总额不包括土地购置费。旧建筑物和旧设备虽然是生产活动的成果，但它们已经包括在前期或者当期的固定资本形成总额中，不能重复计算，所以固定资本形成总额不包括旧建筑物和旧设备购置费。

二是固定资产投资不包括城镇和农村非农户 500 万元以下的固定资产投资,固定资本形成总额包括这部分投资。

三是固定资产投资不包括矿藏勘探、计算机软件等无形固定资产的支出,固定资本形成总额包括[①]。固定资产投资包括建筑工程、安装工程、设备工器具购置和其他费用。

四是全社会固定资产投资不包括商品房销售增值,固定资本形成总额包括商品房销售增值。就商品房而言,全社会固定资产投资中的房地产开发投资是从开发商开发商品房的投资成本角度计算的,而固定资本形成总额是从最终用户购买商品房的支出(即开发商的商品房销售额)角度计算的。商品房销售增值是商品房销售额与相应投资成本之差。

图 1-3 显示了 2000—2022 年我国固定资本形成总额和全社会固定资产投资规模绝对值,固定资本形成总额从 3.3 万亿元增加至 50.8 万亿元,全社会固定资产投资从 3.3 万亿元增加至 54.2 万亿元,全社会固定资产投资与固定资本形成总额之间的差距呈现出先扩大后缩小的趋势,固定资本形成总额占全社会固定资产投资的比重最低时仅为 76%[②]。

---

① 据悉,近年来国家统计局对固定资产投资统计口径进行调整,已经将部分研发和软件投资纳入固定资产投资。

② 2023 年,国家统计局再次对投资统计数据进行调整。固定资产投资绝对数再次被核减,与固定资本形成总额之间的差距进一步缩小。

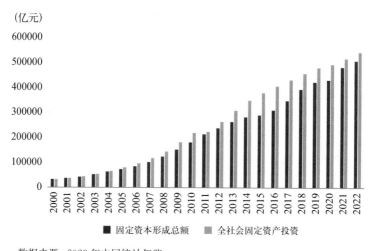

数据来源：2023 年中国统计年鉴。

图 1-3　我国固定资本形成总额和全社会固定资产投资

第二章

我国投资率变动趋势研究

2012 年开始，我国投资率开始呈逐渐下降趋势。从主要东亚经济体投资率变动的经验来看，我国投资率下降符合经济体发展的一般规律。投资率下降与人口老龄化、社会保障体系逐渐完善等因素导致的储蓄率下降有关，也与经济结构转型、资本边际报酬递减规律有关。当前，与主要发达经济体相比，我国的劳均资本存量依旧较低，加快资本积累依然是我国实现经济赶超的重要抓手。在投资率呈下降趋势的背景下，通过优化投资结构、提高资源配置效率等方式促进资本生产率提升，有利于提高我国资本积累的速度。

一、改革开放以来我国投资率变化情况

改革开放以来，我国投资率水平呈阶梯式上涨，但近十年来已经进入下降通道。1981—1990 年，投资率的均值水平为 35.5%，1991—2000 年上升至 37.3%。新世纪以来，投资率持续攀升，从 2001 年的 35.7% 增加至 2010 年的 47%，十年均值水平为 40.9%；2011 年以来，投资率整体呈现高位趋降的态势，从 2011 年的 47% 震荡下降至 2020 年的 42.9%，10 年均值水平为 44.4%，较 21 世纪头十年增加了 3.5 个点。2012 年开始，我国投资率水平进入下降通道，2022 年我国投资率水平为 43.5%，与高峰时期相比已经下降 3.5 个百分点。虽然,受新冠肺炎疫情冲击影响,2021—2022 年投资率水平有所回升,但不会改变我国投资率继续下降的趋势(见图 2 - 1)。

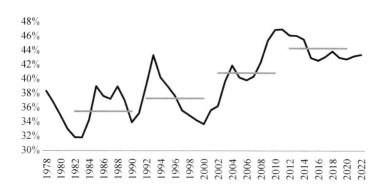

数据来源:2023 中国统计年鉴。

图 2 - 1　我国投资率变动趋势(1978—2022)

分部门来看,我国资本形成可以分为企业部门、政府部门和居民部门的资本形成。企业部门包括金融企业和非金融企业。企业部门是投资的主体,2000—2010 年,企业部门投资在整体投资中的占比均值为 67%,2011—2021 年占比均值为 63.6%。居民部门资本形成主要是住房投资,2000—2010 年,居民部门投资在整体投资中的占比均值为 22.6%,2011—2021 年占比均值增加至 24%。包括中央政府和地方政府在内的广义政府投资占整体投资的比重从 2000—2010 年的 10.4%增加至 2011—2021 年的 12.4%(见表 2 - 1)。

表 2-1 我国资本形成结构变化

年　份	企业部门	政府部门	居民部门
2000 年	69.4	8.6	22.1
2001 年	70.1	8.5	21.3
2002 年	67.7	8.8	23.5
2003 年	65.1	11.2	23.7
2004 年	63.8	10.9	25.2
2005 年	61.1	10.8	28.1
2006 年	66.8	11.0	22.2
2007 年	68.8	10.4	20.7
2008 年	69.3	10.9	19.8
2009 年	67.5	11.9	20.6
2010 年	67.2	11.8	21.0
2011 年	64.6	10.5	25.0
2012 年	64.8	10.3	24.8
2013 年	63.2	10.3	26.5
2014 年	63.6	11.1	25.3
2015 年	64.4	12.1	23.6
2016 年	69.6	14.4	16.0

续 表

年 份	企业部门	政府部门	居民部门
2017 年	71.3	14.7	14.0
2018 年	56.9	17.5	25.6
2019 年	62.3	10.3	27.4
2020 年	58.6	12.7	28.7
2021 年	60.3	12.3	27.3

数据来源：历年《中国统计年鉴》资金流量表。

二、投资率变动的国际趋势：来自日韩及中国台湾地区的启示

投资率伴随经济发展从高位下降并趋于稳定。日本的投资率在 20 世纪 70 年代初达到高峰后逐渐下降，从接近 40％的水平下降至 80 年代中期 30％的水平，此后在 30％—35％区间持续了约 10 年。90 年代末开始，日本投资率水平再次下降，逐渐下降至当前不足 25％的水平。韩国的投资率在 20 世纪 90 年代初达到高峰后逐渐下降，从 40％左右下降至 30％左右。中国台湾地区投资率水平在 20 世纪 70 年代末达到高峰以后逐渐下降，从

30％左右下降至 20％左右。从东亚主要经济体投资率走势来看，投资率均在人均实际 GDP 达到 1.2 万美元（2017 年美元不变价）附近时出现下降，逐渐从 40％左右下降至 30％，进而下降至 20％。当前世界上大多数发达经济体的投资率也都维持在 20％左右（见表 2 - 2）。

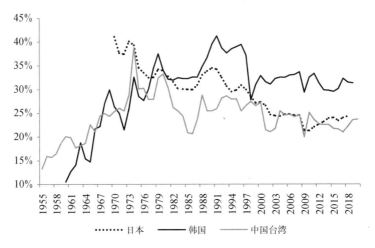

数据来源：Wind 数据库。

图 2 - 2　东亚主要经济体投资率变动

根据美国宾州大学国际比较数据库（Pen World Table 10.0）提供的数据显示，2019 年我国按购买力平价计算的人均实际 GDP 为 1.4 万美元，大致相当于 20 世纪 70 年代初的日本、20 世纪 90 年代初的韩国、20 世纪 80 年代中期的中国台湾地区。由此可见，我国当前投资率下降符合主要东亚经济体的发展规律。当前，虽然我国投资率水平在国际上仍处于高位，超过世界绝大多数经济体,明显高于中高收入国家和高收入国家的平均水平,但在较长一段时期内仍将呈下降趋势。世界银行数据显示,2020年,中高收入国家和高收入国家投资率平均水平分别为35.3%和22.4%,分别低于我国7.8和20.7个百分点。与高投资率相对应的是高储蓄率。徐高(2019)通过国际比较发现,中国同时拥有较高的居民储蓄占比和企业储蓄占比,企业储蓄高是因为中国居民部门与企业部门在产权上的联系弱,企业部门的经营目标与居民的偏好不一致,导致资源在企业与居民之间难以灵活转移,使得"刺穿企业帷幕"失效。居民储蓄率高与社会保障体系不完善导致的预防性储蓄动机高有关。古德哈特和普拉丹(2021)将中国的超额储蓄归结为金融抑制、社会保障体系不完善等因素(见图2-3,图2-4)。

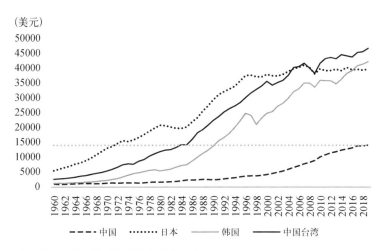

数据来源: Pen World Table 10.0 数据库。

图2-3　东亚主要经济体人均实际 GDP 走势

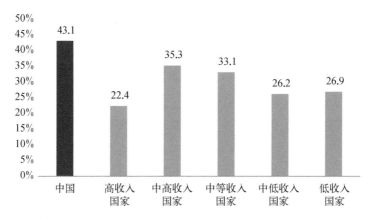

数据来源：世界银行。

图 2-4　投资率的国际比较(2020 年)

三、投资率下降与居民储蓄率下降和经济 结构转型有关

　　从储蓄端来看，随着经济发展，居民生活水平提高、思想观念转变，生育率不断下降，少子化、人口老龄化问题日渐突出。2020 年，我国 15—64 岁劳动年龄人口占比为 68.5％，较 2010 年下降了 6 个百分点，总抚养比从 2010 年的 34.2％上升至 2020 年的 45.9％，增加了 11.7 个百分点。劳动年龄人口占比下降，人口抚养比上升，加之社会保障水平不断完善，新生代消费观念转变，储蓄率渐呈下降趋势，成为限制经济体投资率上升的最根本约束。

储蓄率下降意味着可以转化为投资的资源占比减少,投资率也随之下降。Aksoy 等人(2019)利用 21 个 OECD 国家 1970—2014年数据和面板自回归模型分析了年龄结构对长期经济变量的影响,其中,老年人口占比上升将对投资率和储蓄率产生负向影响。苏剑和康健(2021)基于跨国面板数据研究全球储蓄率的决定因素,实证结果显示老年抚养比上升 1% 将使储蓄率降低 0.371%,少年抚养比上升 1% 将使储蓄率降低 0.122%。

从投资端来看,随着经济发展水平不断提高,产业结构也在不断发生改变,服务业比重上升,高技术产业加快发展,这些行业对实物投资的依赖程度较资源型产业、重化工业等传统产业显著降低,经济发展更加注重研发投入和人力资本投资。制造业投资方面,企业投资主要聚焦于设备更新换代、厂房改建翻新,新建厂房、产能扩张等规模较大的投资活动将减少,同时,高技术制造业投资快速增加,研发和软件等知识产权产品投资显著增长,这部分投资带来的增量很难弥补重化工业投资下降造成的缺口。基础设施投资方面,经过十多年基础设施高强度投入,我国基础设施供给能力显著改善,实现从短缺匮乏到相对充裕的巨大转变。当前我国已经成为世界上基础设施水平和质量都较高的国家,即便是在西部的边远地区,交通、电力、通信、市政设施条件都大为改善。满足基本需求的重大工程大多已经建成,基础设施投资高峰期已过。基础设施建设由大骨干、大框架向毛细血管延伸,由新建投资向运营维护转变,投资增长将逐渐放缓(刘立峰,2019)。房地产开发投资方面,经过房改以来二十年的发展,当前城镇居民住房条件已达到较高水平，对未来住房需求增长形成客观约束。2019 年，城镇居民家庭人均住房建筑面积达到 39.8 平方米，比 1998 年房改之初提高了 20 多平方米，超过了日本同等经济发展水平阶段的住房面积水平（任荣荣等，2021）。同时，城镇化进程减速放缓、人口老龄化程度加剧等宏观基础性因素将导致住房需求内生增长动力不足。

第三章

发挥投资优化供给结构关键作用研究

当前，我国经济增长已经从高速增长阶段向高质量发展阶段转变，固定资产投资的特征也发生明显变化。随着经济增速放缓，固定资产投资以及三大领域投资增速都呈放缓趋势，民间投资在整体投资中的占比下降。伴随经济结构转型升级，高技术和创新、社会民生等领域投资快速增长，但整体仍较为滞后。新发展阶段的投资增长应当转向以扩大消费为导向、以人的发展为导向、创新驱动和绿色驱动。发挥投资关键作用重点是形成市场主导的投资内生增长机制。

一、近十年我国固定资产投资变动的特征事实

（一）固定资产投资增速逐渐放缓

我国固定资产投资（不含农户）增速在 2009 年达到 30.4% 的高峰后逐渐回落。2010—2015 年，固定资产投资增速仍然保持两位数的高增长，2016 年开始，整体投资增速下降至个位数，2023 年，全国固定资产投资增速仅为 3%。我国固定资产投资三大领域包括制造业、基础设施和房地产开发。

制造业投资方面，制造业投资增速在 2010 年达到 31.8% 的峰值后，快速回落下降。2015 年，制造业投资增速下降至个位数

(8.1%),此后便呈现低位波动增长的态势,2015—2023 年,制造业投资平均增速为 6.3%。制造业投资中民间投资占主导,因此,制造业投资的变化受市场需求、企业利润、技术进步等市场因素影响明显,同时,也与生态环保等政策性因素有关。近年来,地缘政治冲突加剧和新冠肺炎疫情对全球产业分工格局产生深远影响,产业布局从全球化向区域化发展,从效率至上向效率和安全并重。产业链延链补链强链为制造业企业提供了更多投资空间,是支撑制造业呈现较快增长的重要因素。

基础设施建设投资(不含电力等)方面,2017 年以前,基础设施投资整体保持快速增长。2018 年开始,受地方政府债务风险防范、地方政府投融资体制改革等因素影响,基础设施投资增速显著下滑。2018—2023 年,基础设施投资平均增速为 4%。总体来讲,基础设施投资是政府投资的主要方向,是宏观调控的重要手段,因此,基础设施投资增速也呈现出明显的逆周期调节特征。

房地产开发投资方面,2003—2013、2014—2023 年,房地产开发投资年均增速分别为 23.8%和 3.7%。新世纪以来,受城镇化快速发展和住房市场改革等因素推动,我国房地产开发投资保持快速增长,在较长时期里成为保持投资稳定增长的主力。2022年以来,受房地产市场调控和城镇化进程放缓等多因素影响,房地产开发投资连续两年下跌 10%。截至 2023 年,制造业、基础设施建设和房地产开发投资占整体投资的比重依次为 26.1%、23.63%、22.05%(见图 3-1)。

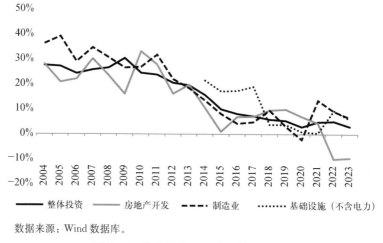

数据来源：Wind 数据库。

图 3-1 整体投资和三大领域投资增速

（二）民间投资占比下降明显

2015 年，我国民间投资增速首次下降至整体投资增速以下。除 2018 年、2021 年，民间投资增速都要低于整体投资增速，最高时相差 4.5 个百分点。民间投资占投资的比重从 2014 年的 56.3％下降至 2023 年的 50.4％，下降了 5.9 个百分点。民间投资增速下降，主要受制造业和房地产开发投资增速交替下降影响。根据国家统计局公布的 2017 年分行业固定资产投资规模数据计算，制造业投资中近九成属于民间投资，民间投资中约 45％属于制造业投资。2015 年以来，2016—2017 年、2019—2020 年、2022—2023 年三个时期出现了民间投资增速低于整体投资增速的情况，前两个时期主要是因为制造业投资增速下降,后一个时期则是因为房地产开发投资增速下滑。同时,基础设施和公共服务领域,民间投资进入的门槛较高,存在多种形式的隐性壁垒。制造业和房地产等民营资本传统投资领域空间收窄,基础设施和公共服务领域对民间投资开放不足,是造成当前民间投资增长放缓、占比下降的主要原因(见图3-2)。

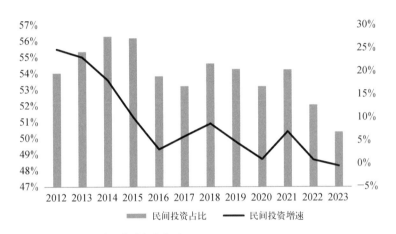

数据来源：2024 中国统计年鉴摘要。

图 3-2　民间投资增速及占比

(三) 高技术领域和创新领域投资明显增加

高技术产业投资快速增长,2018—2022 年年均复合增长15.7%,高于整体投资增速 10.9 个百分点。2022 年,我国全社会研发投入约 3.08 万亿元,占 GDP 比重为 2.54%,与 2015 年相比提升 0.47 个百分点,与 2010 年相比提升 0.81 个百分点,其中,基础研究、应用研究和试验发展经费所占比重分别为 6.57％、11.3％、82.1％。与全球主要发达经济体相比，2020 年，我国研发投入强度要明显低于韩国、日本、德国和美国，高于法国和英国，也就是说与主要发达国家相比，我国研发投入强度仍旧较低。我国基础研究投入占全部研发经费的比例不到 7％，而美、英、法等发达国家此项占比在 12％—23％之间，美国大约为 15％。随着经济的发展，专利权、技术秘密、特许经营权等无形资产在资本形成中的重要性日益凸显。例如，美国知识产权产品投资在全部私人固定资产投资中的占比从 20 世纪 50 年代约 5％的水平上升至目前的 25％。美国联邦政府投资中，有四分之三的非国防投资是用于知识产权产品投资。1981 年，知识产权产品投资在中国台湾地区固定资本形成中的占比仅为 3.6％，2017 年已经上升至24.2％（见图 3－3）。

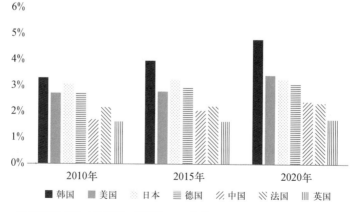

数据来源：Wind 数据库。英国为 2019 年数。

图 3－3　主要国家研发支出占 GDP 的比重

(四) 社会民生领域投资快速增长

伴随我国居民收入水平提升及人口结构变动,居民对教育、医疗、养老、托育等服务的需求增加,"十三五"以来,教育、医疗等民生领域投资快速增长。2013—2022 年,教育、医疗卫生领域投资年均复合增速分别为 15.2％、19.5％,高于整体投资增速 6.8 和 11.1 个百分点。但是,总体来讲,供给增长依然较为滞后,短板仍旧突出。上学难、看病难一直是大家热议的话题,房价居高不下主要来自附着在房屋上的教育、医疗等各种配套服务。二胎、三胎放开对生育率的带动作用不及预期,与托育托幼、教育等公共服务跟不上有较大关系。

二、新发展阶段投资增长转型的主要方向

(一) 加大以消费为导向的投资

"二十大"报告在阐述消费和投资重要作用之时,首先提到要"着力扩大内需"。全球金融危机爆发之前,我国货物和服务净出口占 GDP 的比重显著攀升,从 2002—2004 年不到 3％的水平快速攀升至 2007 年的 8.7％。2002—2007 年,我国以美元计价的

货物出口增速保持在 20％以上，货物进口也保持快速增长，大进大出。这一时期，我国制造业投资增速保持在 30％左右的水平。金融危机爆发后，全球进入深度调整和再平衡，我国经常账户顺差收窄，货物和服务净出口占 GDP 的比重逐渐下降，从 2008 年的 7.6％下降至 2014 年的 2.1％，2018 年进一步下降至 0.8％。2012 年开始，以美元计价的货物出口增速下降至个位数，部分年份甚至出现负增长，进口增速也明显下降。外部需求降低，出口导向型制造业企业面临的竞争加剧，生产经营出现困难，2013 年制造业投资增速下降至 20％以下，2015 年下降至 10％以下，2019 年下降至 3.1％。虽然，2020—2022 年疫情期间，我国对外出口逆势上扬，在全球贸易中的比重上升，货物和服务净出口占 GDP 的比重回升，但是该趋势并不可持续。疫情前，我国货物出口金额占全球货物出口的比重已逐渐趋于稳定，大约保持在 13％左右。2020 年以来受疫情影响，份额跃升至 14.7％，2021 年进一步上升至 15％，2022 年下降至 14.4％（见图 3-4）。

金融危机的影响尚未完全消除，新冠疫情爆发又给全球发展蒙上阴影。贸易保护主义抬头、全球化思潮倒退，我国经济发展面临的外部环境不确定性和复杂性增加，有必要降低经济增长对外需的过度依赖，着力扩大内需。2022 年，我国 GDP 超过 120 万亿元，人均 GDP 已经超过 1.2 万美元，拥有世界上规模最大的中等收入群体，但是强大国内市场优势仍未有效发挥。强大的国内市场有利于形成生产与消费内部循环、良性互动。只有产品有足够大的市场和足够多的应用场景，投入才有收益，反过来才能促进企业

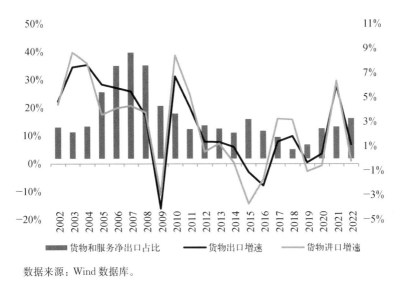

图 3-4　货物和服务净出口占 GDP 的比重变化

扩大生产和进行技术升级。培育并利用好强大国内市场是我国提高经济发展韧性的关键、面对复杂多变外部环境的基石。"十四五"规划提出，我国要加快构建以国内大循环为主体、国内国际双循环相互促进的新发展格局。新发展阶段，投资增长将以内需驱动为主。

增强消费对经济发展的基础性作用，形成消费和投资的良性循环。伴随我国人均收入增长、人口结构变化，最终消费支出在国内生产总值中的占比将逐渐提高，资本形成的占比将继续下降。因此，扩大内需应当以扩大消费为重要着力点，而投资增长应更多以扩大消费为导向。尽管从"三驾马车"占 GDP 的比重看，消费和投资存在此消彼长的关系，但是从增速来看，投资和消费可以实现正向促进的效果。短期来看，投资增加，总需求扩大，产出增加，居民收入增长、政府税收上升，均有利于促进消费支出增长；消费支出增加，总需求扩大，产出增加，企业利润和居民收入增加，企业投资意愿和能力增强。中长期来看，扩大消费、畅通国内大循环，投资在这当中也发挥着重要作用。众多促消费举措实际上都有赖于投资。诸如，构建高质量充电基础设施体系，扩大保障性租赁住房供给，打造特色文化街区和商圈，建设旅游基础设施，加强体育公园建设，完善农村电子商务和快递物流配送体系，打造区域消费中心和地方特色消费中心，着力补齐消费基础设施短板，推动产地销地冷链设施建设等。

（二）加大以人的发展为导向的投资

从消费支出结构来看，"十二五"中期开始，我国经济结构已经进入转型期（张斌，2021）。2003—2012 年，中国城镇家庭消费支出里面增长最快的是交通通信、杂项商品及服务、衣着、家庭设备及服务，而医疗保健、教育文化娱乐、居住等支出增速则靠后。2013—2022 年，居住、医疗保健、教育文化娱乐支出增速跃升至前三名，食品、杂项商品与服务、衣着开支的增速排名则下降至后三位，衣着开支增速甚至负增长。从 2013—2023 年城乡居民消费支出增长情况来看，排在前三位的是医疗保健、交通和通信、其他用品及服务，靠后的是食品烟酒、生活用品及服务、衣着。总体来讲，随着收入增加，居民对一般消费品的需求减少，对个性化的高端制造品和优质服务的需求增加（见图 3－5，图 3－6）。

数据来源：wind 数据库。

图 3－5　城镇居民人均年消费支出结构：2003—2012 vs 2013—2022

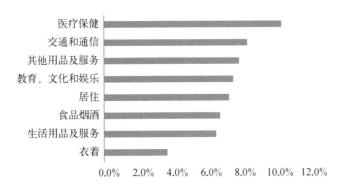

数据来源：wind 数据库。

图 3－6　城乡居民人均年消费支出结构

从人口变动结构来看，第七次人口普查数据显示，我国 60 岁以上人口占比为 18.7％，其中 65 岁以上人口占比达 13.5％，与第六次全国人口普查相比，分别上升 5.44 和 4.63 个百分点。老龄化程度持续加深，伴随老龄人口增加，对医疗和养老的需求将持续增加。同时，我国相继于 2016 年 10 月和 2021 年 5 月全面放开二胎和三胎，迎来一波人口生育小高峰。2020 年，我国 0—14

岁人口占比为 17.95％，与 2010 年相比上升了 1.35 个百分点。少儿人口数量增加，对学前教育和义务教育的需求显著增加。而且，从释放"人口红利"的角度来讲，在劳动力供给数量下降的情况下，只能通过提高劳动力质量来实现，即通过提高劳动力身体素质延长实际工作年限，以及通过提升劳动力知识技能水平提升劳动生产率。

无论从收入增长导致的居民消费偏好变化，还是人口结构变化对生产体系提出新的要求来讲，加大教育、医疗保健等以人的发展为导向的行业领域投入都十分必要。新发展阶段，以人的发展为导向的投资应该明显增加。

(三) 加强创新领域投资力度

资本形成和技术进步往往是相辅相成的。技术进步是投资的助推器，每一轮技术革命往往伴随投资大规模增长。技术进步的成果必须物化在新增投资中，才能发挥作用，投资特别是设备投资是技术变革奏效的传输器。国际经验显示，在经济发展水平从中高收入迈向高收入阶段时，投资增长动力将从依赖要素投入型转向创新驱动型。随着我国经济不断发展，与发达国家的技术差距在逐渐缩小，在某些领域甚至居于领先。从劳动生产率来看，我国劳均 GDP 与美国劳均 GDP 之比从 2001 年的 7.9％提升至 19.4％。从全要素生产率（TFP）来看，美国宾州大学国际比较数据库（PEN World Table 10.0）测算的数据显示，我国 TFP 与美国 TFP 之比从 2001 年的 32.8％上升至 2019 年的 44.2％,最高测算曾达到 46.5％(2017 年)。随着我国产业发展能力提升、技术实力增强,发达国家对我国技术发展的防范和警惕在不断提高,采取一系列政策措施对我国有望取得技术突破的产业领域实施遏制打压。我国技术引进和创新合作的空间大幅压缩。解决经济发展中的卡脖子问题,维护产业链供应链安全,提升在全球经济中的竞争力,必须依靠自主创新。"十四五"规划提出,要强化国家战略科技力量,加强原创性引领性科技攻关,加强基础研究,建设重大科技平台,提升企业技术创新能力,激发人才创新活力。新发展阶段,创新驱动的投资增长将增加。

(四) 以绿色发展为导向的投资将增加

我国实现"3060""碳达峰碳中和"目标时间紧、任务重。现有各方测算基本都认为要实现"碳中和"目标,我国需要的固定资产投资规模在 100 万亿元以上。总体来讲,低碳领域投资主要包括两大方向:一是能源结构调整,减少一次能源中化石燃料的占比,增加水电、风电、太阳能光伏等可再生能源的利用;二是终端用能部门低碳转型,加强终端用能部门节能提效和电气化替代。"双碳"投资重点领域和方向包括:(1)能源结构调整。持续加大新能源和可再生能源电力对传统煤电等化石能源电力的替代,推进煤电清洁高效低碳转型,建设与新能源和可再生能源特征相匹配的能源储运设施。加快制氢、储氢、运氢的全产业链投资。

（2）工业领域节能减排。加强工业部门电气化替代，以电力替代煤炭、石油等化石能源的直接消费。加大技术研发，发展原材料或替代燃料，诸如，发展用氢作还原剂的零碳炼铁技术。调整优化技术和工艺路线，提高系统能源利用效率。（3）绿色建筑。随着建筑总量的增加和人民生活水平的提高，建筑能耗总量和占全国终端能耗的比例均将呈增加趋势。强化建筑节能标准，改进北方建筑供暖方式，增建储热等设施，发展分布式智能化可再生能源网络，实现热电气协同。扩大农村生物质资源在供热、供气、供电领域的商业化利用。推动全国现有建筑节能改造，提高设备系统效率。（4）绿色交通。随着城市化进程发展，交通部门能源消费占比将呈现较快增长趋势。统筹交通基础设施空间布局，促进资源集约高效利用，优化交通运输结构，提升绿色交通分担率，推进绿色交通装备标准化和清洁化，加快充电基础设施建设。

三、发挥投资优化供给结构关键作用的思路

（一）充分发挥市场主导作用

当前，我国供需平衡已经从"绝对短缺"转向"相对过剩和结构性短缺"，经济增长进入换挡期，高耗能、高污染、低附加值的产业需要升级，往高端化、精细化方向走，寻找和挖掘新的产业，更

多需要让市场供求来发挥作用,要让要素充分流动起来,用市场来寻找优势产业。因此,实现投资内生增长的关键在于市场主导。市场主导就是要不断深化改革,放权让利,让企业为生产做主、让市场为价格做主,给企业带来强有力的生产积极性和正确的价格信号(张斌,2021)。政府的主要责任在于营造产权有效激励、要素自由流动、价格反应灵活、竞争公平有序、企业优胜劣汰的市场环境。加大知识产权保护可以激发企业创新投入的积极性,加快技术进步,激发投资增长。高度发达的金融市场可以提高储蓄投资转化效率,优化资金配置,降低融资成本,为有竞争力、有前景的企业项目提供融资支持,帮助企业抓住市场机会。放宽部分垄断性行业准入限制,减少隐性障碍,推进公平准入可以扩大民间投资的领域,提升这些部门的供给效率。企业优胜劣汰能够减少僵尸企业对社会资源的占用,有利于产业转型升级,提升竞争力。减少政府对投资的干预,保持政策连续性,才能够稳定企业预期,提高企业投资意愿。

(二) 发挥政府投资的撬动作用

政府投资应聚焦于市场不能有效配置资源的社会公益服务、公共基础设施、农业农村、生态环境保护、重大科技进步、社会管理、国家安全等公共领域。适度超前的基础设施投入有助于降低企业经营的外部成本,发掘并释放市场的需求潜力,带动社会投资,促进经济增长。同时,政府通过发行政府债券,特别是中央政府发行的国债，为基础设施投资资金缺口融资，有助于金融市场发育完善，提高金融市场融资效率。

四、发挥投资优化供给结构关键作用的对策建议

（一）构建有利于创新型高技术产业发展的融资机制

新发展阶段，我国的高技术产业将加快发展，经济发展进入创新驱动阶段。但是，我国当前以国有银行占主导的间接融资体系并不适合高技术产业和创新产业的发展。高技术创新型企业研发投入多，需要大量持续的资金投入。这类企业拥有大量的知识产权和专利技术等无形资产，企业的技术和产品代表着行业转型升级的方向，具有很高的成长性。但这类企业尚无稳定的现金流，甚至还处于亏损阶段，产品的异质性强，市场前景不明，存在很大的不确定性，很多技术或项目超出了普通银行从业人员的理解范畴，因此，这类企业融资并不适合银行贷款，更适合天使投资、风险投资等广义股权投资。但是，我国股权投资市场发展并不充分，权益类融资在我国非金融企业外部融资中的占比不超过10%，特别是专注于种子期、初创期的天使投资仍旧很稀缺，创新型、科技型中小企业缺乏匹配的金融产品供给。建议加快构建多

层次的股权融资市场。首先,纯市场化的股权投资基金主要关注创业中后期的企业,不关注初创型、种子期中小企业。政府应当加大对天使阶段风险投资基金的支持,引导更多社会资金进入天使投资。其次,通过税收激励,引导长期资金进入风险投资领域,降低国内股权投资基金资金募集对短期理财资金的依赖。诸如,对风险投资中长期资本利得和红利免税。再次,完善企业 IPO 发行制度,完善主板、中小板、创业板、科创板等股权交易市场,提高各类股权交易市场流动性,为风险投资创造良好的退出渠道,形成一、二级市场有益联动。

(二) 构建有利于降低政府债务负担的长期低成本融资机制

我国政府债务负担快速上升,与我国政府投资缺少相应的长期低成本资金支撑有关。当前,我国基础设施短板主要集中在公共设施管理业,主要是市政基础设施投资和管理,这类投资大多数属于公益性资产,缺乏现金流,主要依靠政府资金投入,加快建立政府投资的长期低成本融资机制尤为迫切。首先,探索建立多元化的地方政府融资体系。多元化的融资方式有利于满足不同类型地方政府不同种类的融资需求。事实上,在资本市场发行公募债券融资的门槛其实很高,仅适用于少数规模较大的地方政府。一些规模较小、财政较弱的地方政府更多只能依靠间接融资。以日本为例,日本地方政府的融资方式并不囿于在债券市场公开发行债券融资,除了发行公募债券,地方政府还可以获得中

央政府转贷资金、向政策性金融机构 JFM 和私人金融机构申请
贷款等方式获得融资。其次，充分利用政府信用降低政府投资融
资成本。基础设施投资具有很强的外部性，建设周期长、投资回
报慢，大量长期低成本资金的支持必不可少。一是需要加大国债
和地方政府一般债券发行规模，二是成立政策性基础设施投资银
行，在金融市场发行政策性金融债券，向基础设施投资项目发放
长期低息贷款，中央政府为基础设施投资银行发行的债务提供担
保，基础设施投资银行主要依据融资成本为基础设施投资项目融
资，并可以多渠道筹集资金成立贷款利率削减基金，降低基础设
施项目融资成本。

(三) 有利于民间资本进入的投资准入机制

当前，我国民间投资在全部投资中的占比明显下降，一部分
原因是不敢投、不愿投，另一部分原因是不能投。建议加快建立
更加公平开放的投资准入机制，提高民间投资的积极性。一是优
化营商环境。加强民营企业产权和知识产权保护，稳定民营企业
家预期，加快全社会诚信体系建设，各级政府在加强诚信建设方
面要做好表率，严禁拖欠工程款和采购款等行为。二是放开市场
准入。全面推进市场准入负面清单制度，坚持非禁即入。减少行
政审批、打破行业垄断、引入竞争机制、实行宽进严管。加大政府
购买服务的范围和力度，加大优质基础设施项目对民间资本的推
介力度。进一步放开民营机场、基础电信运营、油气勘探开发等

领域,消除基础设施和公用事业领域的市场壁垒,在医疗、养老、教育等民生领域出台更有效的举措,使得民间投资能够公平参与。三是破除编制、职称等制约民间资本进入的玻璃门、隐形门。

(四) 有利于扩大内需的收入分配机制

投资不是目的,而是手段,最终目的是满足居民的消费需求、提升居民福利。当前,我国强大的国内市场优势仍未有效发挥,一个重要原因是居民收入分配差距过大。根据国家统计局的数据,2022 年中国的收入基尼系数达到 46.7%,高于 0.4"警戒线"。瑞士信贷集团《全球财富报告 2021》数据显示,2020 年我国的财富基尼系数达到 70.4%,虽然低于巴西、俄罗斯、美国等,但高于法国、意大利与日本等。高收入人群的边际消费倾向低于低收入人群,收入分配差距过大将限制全社会消费潜力的释放,造成总需求不足,影响扩大内需战略实施。收入分配失衡还会影响中低收入阶层用于人力资本等长远投资的支出增长。消费需求无法有效释放,将严重影响社会产出的实现,降低投资回报,抑制投资,不利于供给和需求良性互动。缩小收入分配差距就是要努力增加低收入人群的收入水平,壮大中等收入群体规模。一是,坚定不移实施就业优先战略,保障劳动者合法权益。支持民营中小企业加快发展,解决中小企业发展过程中面临的资金、技术等困境,稳住中小企业这个吸纳就业的基本盘。二是,促进公共服务均等化。加大学前教育、义务教育、保障性住房、医疗等基本公共服务供给，发展高水平的职业教育。三是，推进税收体系改革。提高个人所得税免征额，引入资本利得税、遗产税、房产税等基于财产的税收，合理调节高收入人群收入。四是，加大转移支付力度。加大失业救济、最低生活保障、粮农补贴等转移支付力度，提高中等收入人群占比，增加低收入人群收入。

第四章

适度超前开展基础设施投资研究

　　"二十大"报告提出，"优化基础设施布局、结构、功能和系统集成，构建现代化基础设施体系"。2022 年中央财经委第 11 次会议强调，要全面加强基础设施建设，构建现代化基础设施体系。2021 年中央经济工作会议和 2022 年政府工作报告提出要"适度超前开展基础设施投资"。基础设施是经济社会发展的重要支撑，是国家重大战略实施的关键保障，是我国宏观逆周期调控的重要工具。统筹好基础设施投资稳增长与调结构、增潜能的关系，实现跨周期和逆周期宏观调控的有机结合，是提升基础设施投资效率，增强基础设施投资增长可持续性的关键。

一、基础设施投资的定义及我国统计范畴

　　世界银行(1994)指出，基础设施包括经济基础设施和社会基础设施两大类。经济基础设施是指永久性工程构筑、设备、设施及其所提供的为居民所用和用于经济生产的服务，包括电力、管道煤气、电信、供水、环境卫生设施和排污系统、固体废弃物的收集和处理系统等公用设施，大坝、灌渠和道路等公共工程，铁路、城市交通、海港、水运和机场等交通部门；社会基础设施一般包括文化教育、医疗保健。我国国家统计局对基础设施的定义沿用了世界银行关于经济基础设施的定义[①]，而将社会基础设施称作公

[①]　参见国家统计局网站：统计实务知识《基础设施建设投资为什么分成全口径与不含电力两种口径?》。

共服务,将该领域投资称作社会领域投资。因此,本章所指的基础设施为经济基础设施,不包括教育、医疗、养老等社会领域投资。

根据世界银行对基础设施的定义,结合我国国民经济行业的分类,1978 年以来,我国基础设施的范围分为两个阶段。1978—2002 年,基础设施包括三部分,分别是电力、煤气及水的生产和供应业;地质勘查业、水利管理业;交通运输、仓储及邮电通信业。2002 年,为适应我国经济社会发展需要,国家统计局发布新版《国民经济行业分类》,将地质勘查业移到科学研究和技术服务业科目下,将水利管理业与环境和公共设施管理业合并为一个科目,同时将通信行业与计算机服务形成一个新的科目(见表 4-1)。因此,从 2003 年开始,基础设施的范围扩大到四部分,分别是电力、热力、燃气及水的生产和供应业;交通运输、仓储及邮政业;信息传输、软件和信息技术服务业;水利、环境和公共设施管理业。为了与世界银行的口径保持一致,同时增加数据的可比性,将地质勘查业从 2002 年之前数据中剔除。

表 4-1 基础设施行业划分

1978—2002 年	2003 年至今
电力、煤气及水的生产和供应业	电力、热力、燃气及水的生产和供应业
电力、蒸汽、热水的生产和供应业	电力、热力的生产和供应业
煤气的生产和供应业	燃气生产和供应业

续　表

1978—2002 年	2003 年至今
自来水的生产和供应业	水的生产和供应业
交通运输、仓储及邮电通信业	交通运输、仓储及邮政业
铁路运输业	铁路运输业
公路运输业	道路运输业
管道运输业	管道运输业
水上运输业	水上运输业
航空运输业	航空运输业
交通运输辅助业	装卸搬运和其他运输服务业
其他交通运输业	
仓储业	仓储业
邮电通信业	邮政业
	信息传输、软件和信息技术服务业
	电信、广播电视和卫星传输服务业
	互联网和相关服务
水利管理业	水利、环境和公共设施管理业
水利管理业	水利管理业
	生态保护和环境治理业
	公共设施管理业

资料来源：作者整理。

二、适度超前开展基础设施投资的内涵

适度超前开展基础设施投资的内涵较为丰富。"超前"一方面是指在经济下行压力加大时期，要加快基础设施投资节奏，扩大内需，发挥基础设施投资在稳增长中的作用；另一方面，是要把握经济社会发展趋势及面临的环境变化，前瞻布局有利于引领产业发展、满足未来需求的基础设施，而不是一哄而上、全部超前。"适度"是指基础设施投资要与经济发展阶段相适应，不能造成经济结构失衡、资源配置扭曲，同时，还要考虑政府的财政承受能力，避免引发债务风险。

(一) 经济下行压力加大时期，加快基础设施投资节奏的效用最佳

基础设施投资是政府投资的主要方向，是逆周期宏观调控的重要工具。基础设施使用具有很强的非竞用性和非排他性，其供给常常会出现市场失灵，需要政府部门在基础设施供给中发挥重要作用。长期以来，基础设施投资都是各国宏观调控的重要政策工具。在经济下行期间，扩大基础设施投资能够有效弥补私人需求下降造成的需求—产出缺口扩大，增加实际产出，从而增加居

民收入和企业利润，刺激居民消费和企业投资，使经济运行维持需求增长—收入增长—消费和投资增长—产出增长的良性循环。如果任由私人需求下降，那么经济体的实际产出将减少，居民收入降低、企业利润下降，居民消费将继续下降，企业投资意愿继续削弱，私人需求进一步降低，经济运行将进入需求下降—收入降低—消费和投资下降—产出下降的恶性循环。而且，经济下行往往伴随失业增加、产能利用不足、信贷收缩，扩大基础设施投资不大可能引发通货膨胀和融资利率上升，挤出私人投资和消费等问题，具有明显的乘数效应。因此，"超前"最直接的含义就是加快投资节奏、扩大投资规模。当经济体受不利因素冲击，造成经济运行滑出合理区间，实际产出偏离潜在产出时，是超前开展基础设施投资的最佳时机。由于潜在经济增速通常是不可观测的，因此在实践中，可以根据核心物价水平、失业率等指标判断经济运行是否偏离潜在产出，并结合经济增长目标，确定超前开展基础设施投资的时间和规模。

（二）基础设施建设周期长和使用周期长，需要前瞻布局与建设

基础设施建设周期长，供给具有阶梯性。基础设施项目大多规模宏大、建设周期长，在供给上具有阶梯性。但是，基础设施需求变化是连续的，这导致基础设施供给容易在短缺和过剩之间交替演进。基础设施建设周期长，一旦基础设施供给成为

经济社会发展的瓶颈,在短期内将难以消除,只能使直接生产部门与滞后的基础设施在低水平上保持平衡,造成直接生产部门生产能力受限和社会资源浪费。因此,基础设施有必要超前布局,避免成为经济社会发展的瓶颈,影响其他资源的使用效率。基础设施生命周期长,对经济社会活动具有长远的影响。生命周期长决定了基础设施的规划和建设要有前瞻性,如果仅以当期的需求建设基础设施,可能导致未来基础设施的短缺或不适应。当前我国人均 GDP 水平刚跨过 1 万美元门槛,与美、欧、日等发达国家相比仍有较大差距,经济仍有较大增长潜力。随着经济发展,居民收入提升、产业结构转型,对基础设施的需求会持续增加,适度超前开展基础设施投资有利于更好满足未来需求,出现浪费的概率较小。当前,我国人均用电量仅为美国人均用电量的 40％左右,每千人汽车拥有量仅为发达国家的 20％—30％。为了稳增长而加大基础设施投资力度形成的基础设施资本能在较长时期内发挥作用,因此,基础设施的建设和供给可不囿于短期需求,可以根据宏观经济调控需要适时加快或放缓节奏。

(三) 超前开展基础设施投资要与经济发展阶段相适应

基础设施发展与经济增长是相伴而生的,既不是先决条件也不是结果。基础设施扩张是经济增长的伴随现象,同时也是促进或保障经济发展的重要因素。基础设施必须为经济社会发展服务,经济增长和布局是基础设施体系建设的依据,并为其提供资金保障。由于资源是稀缺的,一国不可能提供远超出其经济发展水平的基础设施;由于引致投资的关系,基础设施投资也不可能长期落后于经济发展水平。世界经济论坛基础设施质量指数显示,人均 GDP 越高的经济体,基础设施质量指数就越高。因此,基础设施"超前"与"滞后"投资更多反映的是与基础设施发展模式相关的理念问题,即为实现经济发展目标,基础设施和非基础设施资本在向最优状态动态靠近过程中的次序问题(见图 4 - 1)。

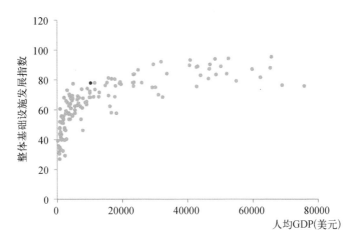

资料来源:世界经济论坛(WEF)。

图 4 - 1 　全球基础设施发展指数与人均 GDP 对比

假设经济体中包含三个部门,消费部门、生产部门和政府部门,政府可以通过增加消费或者投资参与到经济运行中。消费部门、生产部门和政府部门面临的资源约束为：

$$C_t + I_t + G_t^C + G_t^I \leqslant Y_t \qquad (公式 4-1)$$

其中，C_t 表示居民消费，I_t 表示私人投资（主要是非基础设施投资），G_t^C 表示公共消费，G_t^I 表示政府投资（主要是基础设施投资），Y_t 表示经济体的潜在产出。

假设代表性消费者以最大化跨期效用为目标，政府消费支出有利于增加居民的效用。

$$U = E_0 \sum_{t=0}^{\infty} \beta_t \left[ln\, C_t - v\, \frac{N_t^{1+\phi}}{1+\phi} + \Gamma(G_t^C) \right]$$

$$(公式 4-2)$$

其中，β_t 是贴现率，N_t 表示工作时间，ϕ 表示劳动的供给弹性。

政府投资有利于增加基础设施资本存量，假设经济体的总生产函数为科布—道格拉斯形式：

$$Y_t = A_t K_{t-1}^{\alpha} N_t^{1-\alpha} (K_{t-1}^G)^{\theta_G} \qquad (公式 4-3)$$

其中，A_t 表示全要素生产率水平，K_t 是非基础设施资本存量，K_t^G 是基础设施资本存量，θ_G 和 α 分别表示基础设施资本和非基础设施资本的产出弹性。

基础设施资本的积累方程：

$$K_t^G = G_t^I + (1-\delta_G)K_{t-1}^G \qquad (公式 4-4)$$

非基础设施资本的积累方程：

$$K_t = I_t + (1-\delta)K_{t-1} \qquad (公式\ 4-5)$$

其中，δ_G 和 δ 分别代表基础设施资本和非基础设施资本的折旧率，基础设施资本的折旧率要低于非基础设施资本的折旧率。

假设政府支出通过征收一次性税收融资。

$$G_t^C + G_t^I = T_t \qquad (公式\ 4-6)$$

T_t 代表一次性总量税。在代表性消费者、有效金融市场和理性预期假设下，税收征收时序的效应为零。当期的赤字意味着未来税收增加。假设经济体通过选择 C_t，N_t，I_t，Y_t，K_t^G 和 K_t 来最大化代表性消费者终生效用函数。

非基础设施资本的稳态条件：

$$\frac{K}{Y} = \frac{\alpha}{\beta^{-1} - 1 + \delta} \qquad (公式\ 4-7)$$

$$\frac{I}{Y} = \frac{\alpha\delta}{\beta^{-1} - 1 + \delta} \qquad (公式\ 4-8)$$

基础设施资本的稳态条件：

$$\frac{K^G}{Y} = \frac{\theta_G}{\beta^{-1} - 1 + \delta_G} \qquad (公式\ 4-9)$$

$$\frac{G^I}{Y} = \frac{\delta_G \theta_G}{\beta^{-1} - 1 + \delta_G} \qquad (公式\ 4-10)$$

总体来讲，基于资源的有限性以及不同资本之间的互补性和替代性，无论是基础设施投资的总量还是结构都存在一个理论上的最优水平。虽然最优水平受参数设定的影响较大，但是，至少表明基础设施投资要与经济发展阶段相匹配。过度刺激可能导致总需求大于潜在产出，引发通货膨胀、抬高融资利率，挤出私人投资和消费。基础设施投资要与其他投资相协调，形成基础设施投资、社会领域投资、产业投资间的良性互促，要充分发挥基础设施投资对其他领域投资和消费的带动作用。

(四) 超前开展基础设施投资要考虑政府的财政承受能力

基础设施投资需要巨量的资金投入。一般来讲，政府基础设施投资的资金来源主要包括两方面：政府预算收入和债务融资。基础设施投资体量大，在短期收入增长受限的情况下，政府只能借助于资本市场，通过发行国债、地方政府债券等方式，为基础设施投资融资。政府债务融资的偿债来源包括两个方面：政府预算收入和基础设施项目经营收益。基础设施投资短期过快增长会导致政府债务融资规模攀升，债务负担加重，财政整顿成本和债务违约风险增加。

假设政府债务的演进路径为：

$$D_t = (1 + r_t)D_{t-1} - S_t \qquad (公式\ 4 - 11)$$

其中，D_t 表示 t 期期末的政府债务余额，S_t 表示政府基础财政盈余，r_t 表示债务利率。

将公式两边同时除以总产出，

$$\frac{D_t}{Y_t} = \frac{1+r_t}{1+g_t} \frac{D_{t-1}}{Y_{t-1}} - \frac{S_t}{Y_t} \qquad (公式 4-12)$$

其中，g_t 表示经济增长率。$d_t = \frac{D_t}{Y_t}$，$s_t = \frac{S_t}{Y_t}$，由于 $\frac{1+r_t}{1+g_t} \approx$ $1 + r_t - g_t$

政府负债率的演化方程可以简化为：

$$d_t = (1 + r_t - g_t)d_{t-1} - s_t \qquad (公式 4-13)$$

政府负债率的动态演化过程主要由债务利息率、经济增长率和基础财政盈余率决定。基础设施投资对政府债务可持续性的影响取决于三方面因素：一是债务融资的成本，债务融资成本越高，债务可持续性就越低。二是基础设施投资对经济增长的影响，这与基础设施投资的效率有关。有效的基础设施投资不仅有利于稳定当期总需求还能提高潜在产出水平，促使负债率出现先增后降的变化趋势。三是基础设施投资对政府基础财政盈余的影响。基础设施投资增加对经济增长产生影响，有利于扩大税基，增加财政收入。基础设施经营产生的收益也能增加财政盈余，政府处置其持有的基础设施资产也能产生收益。总体来讲，"适度"超前开展基础设施投资需要考虑政府的财政承受能力，避免发生债务风险。同时，要充分发挥政府投资的撬动作用，调动社会资本的力量参与基础设施投资建设，实现公共资源和社会资本的有机结合，降低政府基础设施投资负担。

三、我国基础设施投资总量及结构变动的特征事实

（一）改革开放以来基础设施投资整体保持快速增长

1981—2002 年,我国基础设施投资规模从 127 亿元增长至 9 698.6 亿元,年均复合增长 22.9％,在全社会投资中的占比从 19.9％增加至 1999 年的 47.5％后逐渐下降,2002 年下降至 39.7％。2003—2017 年,基础设施投资整体依旧保持快速增长,年均复合增速为 17.3％。基础设施投资在全社会投资中的占比从 2003 年的 29.2％波动下降至 2012 年的 21.2％后逐渐回升,2017 年回升至 27.6％。2018 年开始,受地方政府债务风险累积以及规范地方政府投融资行为影响,基础设施投资增速出现断崖式下滑,2018—2021 年,基础设施年均复合增速仅为 2.2％。2022 年,受积极财政政策和扩大有效投资政策推动,基础设施投资增速达到 11.5％,规模约为 15.2 万亿元,在整体投资中的占比跃升至 26.5％[1](见图 4 - 2)。

---

[1] 2003—2021 年基础设施投资增速根据历年公布的增速进行几何平均;2003—2017 年,基础设施投资占比根据 2018 年之前《中国统计年鉴》公布的数据计算;2018—2021 年,基础设施规模及占比为笔者根据《2021 年中国统计年鉴》最新修订的投资数据和当年增速估算得到。

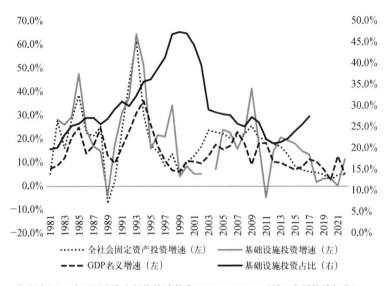

图4-2   基础设施投资增速及在总投资中的占比

（二）基础设施投资逆周期宏观调控工具的属性不断凸显

从基础设施投资增速与全部投资增速、GDP 名义增速的关系来看（图 4-2），1995 年以前，我国基础设施投资与整体投资增速、名义 GDP 增速走势大体一致，具有明显的顺周期性。亚洲金融危机开始，基础设施投资增速与整体投资增速走势出现差异，当经济下行压力加大、产业投资下降时，基础设施投资增速反而逆势上扬，经济出现过热迹象时则开始压减基础设施投资，基础设施"削峰填谷"、平抑经济波动的作用凸显。如，1998

年,为应对亚洲金融危机,国家实施积极的财政政策,连续 5 年累计发行 6 600 亿元特别国债,用于水利、交通、通信、城市基础设施、城乡电网改造、中央储备粮库等基础设施项目①。1998 年,基础设施投资增速达 34.5%,同期内全部投资增速为 13.9%。2008年底,为应对全球金融危机的不利冲击,我国推出总规模达 4 万亿元的一揽子财政刺激计划,其中,用于重大基础设施建设、汶川地震灾后恢复重建、农村基础设施建设的规模近 3 万亿元②。2009 年,基础设施投资增速达 41.5%,同期全部投资增速为25.7%。2012 年,为应对经济下行,国家陆续出台支持棚户区改造、铁路、信息消费、节能环保等调结构、稳增长的刺激政策,基建投资增速迅速由 2011 年的负增长回升至 2012 年的两位数水平,并持续至 2017 年。2022 年,基础设施投资在稳增长过程中亦发挥了十分关键的作用。总体来讲,基础设施投资既是中国高速增长阶段要素驱动型增长模式的典型体现,也是政府宏观调控体系的重要组成部分,为中国经济腾飞发挥了难以替代的积极作用。

每一轮基础设施投资刺激都推动我国基础设施出现飞跃式发展,但也伴随对基础设施投资过剩的质疑。一方面,经济下行期间,需求整体疲软,用电、运输等基础设施需求下降,部分基础设施出现产能过剩;另一方面,为了稳增长而实施的基础设施扩

---

① 国家统计局官网:改革开放 30 年报告之四:基础产业和基础设施建设成绩斐然,2008 年 10 月 30 日。
② 国家发展改革委官网:关于 4 万亿元投资的有关情况,2009 年 3 月 9 日。

张计划带动基础设施产能显著增加。两方面因素叠加往往引起社会各方对我国基础设施投资过剩的间歇性、阶段性讨论。实际上，对于我国这样仍旧处于快速发展阶段的经济体而言，基础设施短缺与过剩总是同经济发展周期交替变化、螺旋式推进。以电力为例，"七五"计划到"九五"计划初期我国电力工业快速发展，长期的电力短缺得到缓解，到 1997 年时电力供需达到基本平衡。亚洲金融危机爆发导致我国出口减缓、经济增速下滑，经济体对能源的需求下降，1998 年我国首次出现煤炭、电力、石油全面供应过剩的现象，1997—1999 年全国能源消费总量连续 3 年负增长。随着 2002 年新一轮经济景气周期的到来，电力需求快速增长，2003 年、2004 年全国出现煤、电、油、运供给全面紧张的局面。在新一轮电力建设高潮后，受美国次贷危机冲击，2007 年又出现电力过剩的现象，而到 2011 年，全国又出现电力供应紧缺、煤炭价格快速上涨的局面。

（三）基础设施投资重点逐渐从能源、交通转向水利、环境和公共设施管理

1. 改革开放头二十年，基础设施投资以能源和交通运输为主导

20 世纪 80 和 90 年代，我国基础设施投资主要以消除基础设施发展滞后对经济增长的瓶颈制约为主，集中在能源和交通领域。改革开放以后，我国整体经济突飞猛进增长，使得在计划经济时代就已经存在的基础设施发展滞后问题更加尖锐。1983 年

开始我国相继出现能源、交通紧张的局面，能源供应不足，铁路、内河码头和海港出现货物大量积压的现象。国家从 1983 年开始加大对能源、交通的投资。电力和交通运输等投资在基础设施投资中的占比上升，水利投资占比下降。"七五"期间，基础设施投资的重点向能源倾斜。电力等投资在基础设施投资中的占比从 1985 年的 35.9% 上升至 55%，交通运输等投资占比从 59.4% 下降至 39.2%。"八五"期间，基础设施投资向交通运输和邮电业倾斜，交通运输等投资在基础设施投资中的占比增长至 58.3%。"九五"期间，交通运输等投资在基础设施投资中的占比继续增加，提升至 59.2%，电力等投资占比继续下降，2000 年下降至 33.9%。"九五"期间，水利领域投资开始加快，在基础设施投资中的占比出现趋势性回升，从 1995 年的 3.8% 增加至 2000 年的 6.7%，2002 年增加至 7.6%（见图 4 - 3）。

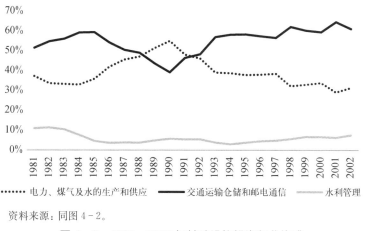

资料来源：同图 4 - 2。

图 4 - 3　1980—2002 年基础设施投资行业构成

2. 新世纪以来，水利、环境和公共设施管理业投资明显增加，新型基础设施投资受到广泛关注

经过改革开放二十年的大规模投资，基础设施瓶颈对经济发展的制约得到缓解。随着我国加入世界贸易组织，制造业发展迎来重大机遇，经济迅速摆脱亚洲金融危机影响再次进入起飞阶段，对能源、交通运输的需求大幅增加，电力和运输紧张状况再次加剧，基础设施与经济社会发展需求仍不适应。"十五"期间，能源和交通运输在基础设施投资中的占比继续提升，电力等投资占基础设施投资的比重从 2003 年的 24.9％增长至 2005 年的30.2％，增长最突出的是电力、热力的生产和供应；交通运输等投资占基础设施投资比重从 2003 年的 24.5％上升至 2005 年25.1％，增长最突出的是铁路运输和水上运输。加入 WTO，对外贸易规模大幅增长，对港口等水上基础设施的需求增加。

"十一五"期间，交通运输等投资占比继续增加，2010 年增加至40.2％，增长最快的是仓储业和铁路运输，其次是航空运输和水上运输。互联网和电子商务快速发展带动仓储业投资加速。受益于城镇化的快速发展和资源节约型、环境友好型社会建设，水利、环境和公共设施管理业投资开始加快，在基础设施投资中的占比从2005 年的 25.1％增加至 2010 年的 34％，其中增长最突出的是生态环境治理业。"十二五"期间，电力等投资占比继续下降，2015 年下降至 19.5％，主要是电力和热力生产、供应投资放缓，燃气生产和供应以及水的生产和供应保持快速增长；交通运输等投资占比开始下滑，2015 年下滑至 35.9％，投资重点开始向道路运输业、航空运输业倾斜；水利、环境和公共设施管理投资占比继续增加，超过交通运输业成为投资占比最大的基础设施行业，2015年占比增长至40.6%，其中，增长最快的是水利管理业和公共设施管理业。

"十三五"期间，受地方政府债务风险防范、地方政府投融资整顿等因素影响，基础设施投资增速呈前高后低走势。水利、环境和公共设施管理业，尤其是公共设施管理业，由于整体经营性较弱，受到的影响最明显。受新一代信息通信技术大发展推动，信息传输、软件和信息技术服务业投资快速增长，在基础设施投资中的占比增加。"十三五"以来，以信息基础设施、融合基础设施和创新基础设施为代表的新型基础设施受到广泛关注，成为政府支持和社会投资的热点（见表4-2）。

表4-2　基础设施主要行业投资结构(2003—2022)

行　　业	2003—2005	2006—2010	2011—2015	2016—2022
电力、热力、燃气及水的生产和供应	27.9%	24.9%	20.2%	17.0%
其中：电力、热力的生产和供应	87.7%	85.0%	76.8%	70.0%
燃气的生产和供应	3.9%	4.6%	9.5%	8.3%
水的生产和供应	8.0%	10.4%	13.6%	22.6%
水利、环境和公共设施管理	24.9%	30.4%	38.2%	44.6%
其中：水利管理业	15.4%	12.1%	13.7%	11.8%
生态保护和环境治理业	5.6%	6.3%	4.4%	7.4%

续　表

行　　业	2003—2005	2006—2010	2011—2015	2016—2022
公共设施管理业	78.6％	81.6％	81.7％	80.8％
交通运输、仓储和邮政	37.4％	39.9％	38.1％	34.2％
其中：铁路运输业	13.1％	23.7％	18.6％	11.8％
道路运输业	64.3％	49.9％	55.6％	68.0％
航空运输业	7.7％	7.9％	5.9％	2.7％
水上运输业	3.8％	3.7％	3.4％	3.4％
管道运输业	1.7％	0.8％	0.7％	0.5％
装卸搬运和运输代理业	0.6％	0.8％	2.3％	1.7％
仓储业	2.5％	5.2％	11.2％	11.1％
邮政业	0.4％	0.1％	0.3％	0.4％
信息传输、软件和信息技术服务	9.8％	4.8％	3.4％	4.2％

资料来源：作者整理计算。

(四) 西部地区和中部地区基础设施投资相继加快，东北地区基础设施投资下降明显

　　新世纪以来，我国相继实施西部大开发和中部崛起等区域发展总体战略，国家在政策、资金上加强对中西部地区的扶持，中西

部地区基础设施投资快速增长。西部地区基础设施投资率先发力,占全部基础设施投资的比重从 2003 年的 26％上升至 2017 年的 36％。中部地区基础设施投资从"十二五"后期开始加快,占比从 2012 年的 20.5％增加至 2020 年的 24.7％。东北地区基础设施投资占比呈先增后降的趋势,2003—2008 年,占比从 6％增加至 10.5％,2014 年起,出现趋势性下降,2020 年占比已经不足4％。2020 年,我国东部地区、中部地区、西部地区和东北地区基础设施投资占比依次为 37.5％、24.7％、34％和 3.8％。徐唯燊等(2022)对各省基础设施发展水平测算显示,2006—2020 年,中西部省份基础设施发展水平明显改善,其中,改善幅度最大的是贵州、云南和四川,改善幅度前 10 位省份中仅海南属于东部地区(见图 4 - 4,图 4 - 5)。

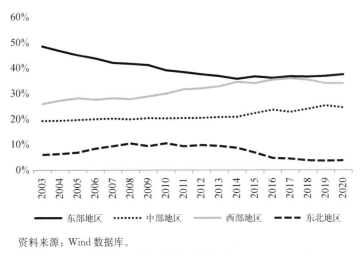

资料来源:Wind 数据库。

图 4 - 4　基础设施投资的区域构成:2003—2020 年

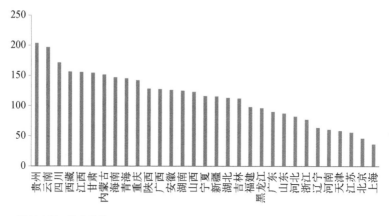

资料来源：徐唯燊等(2022)。

图4‑5　2006—2020年各省份基础设施发展水平得分累计增长情况

四、新发展阶段，基础设施发展面临的问题与挑战

(一) 基础设施发展结构失衡问题突出，与构建现代化基础设施体系相比差距仍旧较大

经过四十年的大规模基础设施投资，我国基础设施供给能力在各方面显著提高，已初步适应社会和经济发展需求。综合交通运输加速成网，服务能力显著提升；能源供给和储备体系不断完善，能源自主保障能力保持在80％以上；水利建设不断加强，基

本建成较为完善的江河防洪、农田灌溉、城乡供水等水利工程体系;通信网络覆盖全国,在新一代信息技术推广及运用方面实现"弯道超车"。但是,基础设施发展结构失衡问题较为突出。世界经济论坛《2019年全球竞争力报告》显示,我国基础设施整体竞争力在141个经济体中排第36位。其中,交通基础设施竞争力排第24位,特别是在连通性方面排名明显靠前;电力可获得性达到100%,电力供给质量排名第18位。但是,按照全球竞争力报告评估,我国仍有约18%的人口不能获得安全饮用水。在获得安全饮用水方面,我国在141个经济体中排第74位,不仅落后于整体基础设施排名,也落后于人均GDP排名(第59位)。供水稳定性方面,我国的排名也很靠后,排在第68位。即使是排名较为靠前的交通基础设施,在道路质量、服务效率等反映供给质量的指标上排名也较为靠后(见表4-3)。

表4-3 2019年中、美、日、德基础设施竞争力排名

指　　标	中国	美国	日本	德国
整体基础设施排名	36	13	5	8
交通基础设施	24	12	4	7
道路连通性	10	1	60	11
道路质量	45	17	5	22
铁路密度	61	48	20	7
铁路服务效率	24	12	1	16

指　　标	中国	美国	日本	德国
航空连通性	2	1	3	7
航空服务效率	66	10	5	28
航运连通性	1	8	15	7
港口服务效率	52	10	5	18
公用基础设施	65	23	11	24
电力获得率	2	2	2	2
电力供应质量	18	23	14	13
不安全饮用水暴露率	74	14	27	13
供水安全可靠性	68	30	12	34

资料来源：《2019年全球竞争力报告》。

　　总体来讲，当前我国基础设施发展水平与构建现代化基础设施体系相比仍有较大差距，未来基础设施投资任务仍然很重。一是联通度和协同性水平不高。区域间、城乡间发展不平衡，中西部地区、农村地区和边远地区基础设施的可获得性和公平性有待加强。城市群、都市圈互联互通和共建共享水平不高。各类设施网络融合不够，缺乏联合调度和智能化响应。二是设施水平和功能有待提升。城市地铁、轻轨等大容量轨道交通发展滞后，供水、排水、热力管网等地下设施的功能不完善。基础设施全生命周期协同发展水平不高，精细化、系统性管理能力有待提升。三是信息化数字化水平尚需提高。传统领域数字化升级和新型基础设施建设与经济发展要求还有较大差距。新型基础设施融合场景应用深度不够,人工智能、区块链等应用范围仍然较小。四是绿色低碳发展方式还未形成。基础设施绿色化、生态化水平仍需进一步提高,一些大型基础设施建设对生态空间的占用问题比较突出,能源结构和交通运输结构有待进一步优化,基础设施节能降耗空间仍然很大。五是国家安全保障能力依然不足。面对自然灾害、公共卫生、重大事故等突发事件应急能力较弱,新型电力系统运行安全风险增加,关键信息基础设施安全问题突出,安全运营服务与保障能力之间不平衡不匹配的矛盾显现(刘立峰、邹晓梅,2022)。

(二) 投融资体制不健全导致债务风险过早过快累积,基础设施投资保持增长难度加大

地方政府债务风险过早过快累积。我国基础设施投资的支出责任主要在地方,在 2017 年中央政府着手严肃整顿地方政府融资举债行为之前,地方政府主要依靠地方融资平台申请银行贷款、信托贷款或者发行城投债等方式为基础设施投资进行融资。地方政府隐性债务规模急剧扩张,很多债务的期限短、利率高、结构复杂,而与这些债务对应的大多是公益类、准公益类基础设施,直接经济效益低。政府资产负债存在严重的收益错配和期限错配,导致政府债务短期内大幅增加,很快进入集中偿付期,很快就

出现财政疲劳。中央政府不得不通过债务置换，将部分高成本、短期限隐性债务置换为低成本、长期限的政府显性债务。2014年起，中央政府开始对地方政府融资行为进行规范，一系列政策措施的实施陆续堵住了地方政府融资的偏门，基础设施建设投资资金来源明显受阻，投资增速显著下滑。

财政增收压力与债务风险交织。近年来受经济增速下行以及减税降费政策影响，我国一般公共预算收入增速明显下降。与此同时，用于保工资、保运转、保基本民生的刚性支出责任则难以压缩，特别是在社会民生领域的刚性支出还要继续增加，而且伴随政府债务规模扩大，债务利息支出占一般公共预算收入的比重明显增加，能用于基建支出的一般公共预算资金越来越少。据估算，2015—2021年，用于基建的一般公共预算支出占比从10.7％下降至7.8％（邹晓梅等，2023）。政府性基金方面，受房地产调控影响，以土地出让收入为代表的政府性基金收入增速放缓甚至出现负增长，与征地拆迁相关的直接支出则明显增加，土地出让净收益明显下降，能用于基础设施建设支出的资金占比逐渐降低。当前，我国房地产市场进入艰难转型期，基础设施投资与房地产、土地财政的关系面临重塑。财政增收压力与债务风险交织，对适度超前开展基础设施投资财力保障形成制约。

地方融资平台的融资能力受限。2015年起，为化解地方政府隐性债务风险，中央政府启动了一轮债务置换，将地方政府负有偿还责任的融资平台债务分批置换为地方政府债券。2015—

2018 年,各地累计置换存量政府性债务约 12.2 万亿元①,大大降低了地方政府性债务利息负担,有效缓解了偿债压力。但是,此轮债务置换并没有完全解决地方融资平台持有的政府性债务问题。首先,债务置换的规模是以 2014 年以前地方性债务审计结果为依据,当时就存在部分省份为了规避责任少报政府负有偿还责任债务的问题。其次,2015 年以后,地方政府又通过多种手段增加了很多隐性债务。融资平台手中持有大量属于政府支出责任的公益类、准公益类资产,经营性差,收益远不足以覆盖债务本息,时刻面临爆雷的风险,显著影响融资平台在金融市场进行市场化融资的能力。当前,地方融资平台仍然是我国基础设施建设投资的重要参与者。据测算,我国 50%—60% 的基础设施建设资金是财政资金以外的其他渠道资金,其中,由地方融资平台公司主导的资金占比超过 60%。在地方政府隐性债务监管政策约束下,地方政府尤其是县级融资平台公司以现有资产和经营性收益撬动市场化融资难度大增,靠资金腾挪化解到期债务愈发困难。

　　社会资本参与基础设施投资渠道不畅、意愿不足。首先,PPP 作为基础设施领域政府与社会资本合作的主流模式,受财政支出责任占比不超过 10% 红线的制约,加之一系列严监管政策,实施空间越来越有限。以收益较好的关联产业来反哺和平衡收益较差的基础设施项目的难度加大。其次,受疫情等因素影响,

① 审计署:近三年来各地累计置换存量政府债务 12.2 万亿元. https://baijiahao. baidu. com/s? id = 1620726652077395898&wfr = spider&for = pc. 2018 年 12 月 24 日。

社会资本风险偏好整体下降,加之部分基础设施投资回报机制不健全,社会资本参与基础设施投资的积极性降低。

(三) 土地、环境等资源要素对基础设施投资的制约加强

在实践中,固定资产投资不仅仅是简单地将货币资本转化为固定资本。在形成实物资本的过程中,还面临土地、环境等方面的制约。基础设施尤其是线性基础设施占地多,而建设用地不足已成为制约我国投资增长的重要因素。在坚守耕地红线目标下,地方政府每年可供用地指标十分有限,土地供给与潜在用地需求之间的矛盾异常突出,基础设施投资、产业投资、房地产开发投资对土地资源的竞争激烈。另外一个重要的约束来自环境约束,随着经济发展,居民收入提升,意识转变,全社会对加大环境保护力度的呼声越来越高。基础设施项目建设占用空间资源较多,对周边环境影响较大,随着生态文明建设力度提高,基础设施建设受到的环境约束越来越大。近年来,已出现很多基础设施项目建设因环保问题延迟甚至搁置的现象。

五、适度超前开展基础设施投资的方向重点

适度超前开展基础设施投资要坚持短期和长期、逆周期和跨

周期相结合,把握经济社会发展趋势及其对基础设施的影响和要求,明确适度超前开展基础设施投资的方向重点,不断提升基础设施投资效益。

(一) 科技革命和产业变革带来基础设施革命性、突破性发展

全球经济发展伴随技术进步和产业变革,技术进步和产业变革一旦实现,其影响就是全球性的。技术进步和产业变革有助于提升基础设施供给的质量,拓展基础设施供给的可能性边界,例如,很多地质条件复杂的地区也能享受快速便捷的基础设施服务,同时,也丰富了基础设施的内容。新一轮科技革命和产业变革推动新一代超算、云计算、人工智能平台、宽带基础网络等信息基础设施加速发展,加快形成新型基础设施布局,同时,带动传统基础设施数字化、智能化转型升级。科技革命和产业革命带来的万物互联促进基础设施网络化和融合化发展,不同种类基础设施、基础设施与非基础设施之间的界限日益模糊。

(二) 经济增长推动基础设施投资结构转变、品质提升

我国人均 GDP 已经跨过 1 万美元大关,经济增长伴随产业从制造业向服务业、从重化工业向高技术制造业转型,居民消费从满足基本需求向高品质生活需求转变。同时,城镇化格局和形态也发生变化,城市群和都市圈成为城镇化的主要载体。

加快有利于引领产业转型升级的基础设施建设。基础设施是科技革命和产业变革的核心和关键领域，同时也为产业转型升级提供重要支撑。当前，需要加快产业升级基础设施建设，为我国产业转型升级和竞争力提升提供保障。一是前瞻布局5G、物联网、工业互联网、云计算、数据中心等信息基础设施，推进交通、能源、水利、市政等传统基础设施数字化智慧化改造。二是聚焦信息技术、智能装备、生命健康、新材料等领域，围绕产业链部署创新链，前瞻谋划，适度超前布局重大科技基础设施和产业技术创新平台，全力推动产业创新发展。三是建设现代物流网络体系，推进港口集疏运铁路、物流园区及大型工矿企业铁路专用线建设，布局建设综合交通枢纽及集疏运体系，加强物流枢纽应急、冷链、分拣处理等功能区建设，推进农产品产地预冷、保鲜加工、保鲜运输、销售终端冷藏等设施建设，推进铁公水空多式联运发展。

基础设施投资建设需要顺应居民消费提档升级趋势。随着经济发展，居民收入增加，对教育医疗、文化娱乐等服务的需求增长快于对制造品的需求增长。水利、环保、市政设施、客运铁路、旅游公路、公园绿地等与居民生活消费密切相关的基础设施需求加快增长。居民对生活环境优化的关注度提高，对基础设施的需求不能仅停留在有，还要优。加快构建内畅外联、多种运输方式换乘便捷的城市道路网和综合运输体系。加快城市公共停车场、停车位建设，完善充电设施。推进有条件的城市建设地下综合管廊。加强城市水源、防灾减灾等基础设施建设，提高城市防洪标准,加强老旧破损排水管网改造。加强城市污水和垃圾收集处理体系建设,加强黑臭水体治理,完善城市生态绿地系统。加强传染病疫情防治和公共卫生应急设施建设。积极应对人口老龄化战略,加快基础设施适老化、适幼化改造。

基础设施投资建设要顺应城镇化发展新格局。当前,我国城镇化进入后半程,城镇格局进入加速分化期,城市群、都市圈集聚效应不断释放,国家中心城市、省级中心城市集聚能力进一步提升。以交通网建设为重点,推进城市群、都市圈一体化发展。依托辐射带动能力强的中心城市,加快干线铁路、城际铁路、市域(郊)铁路建设,完善城市群、都市圈快速公路网络,加强城市群、都市圈内各城市间内外交通有效衔接和轨道交通"多网融合"发展,推动中心城市轨道交通向周边城市延伸拓展。统筹布局城市间物流设施,推动城市间水、电、气等各类市政管网合理衔接。

(三) 扎实推进共同富裕需要基础设施普惠共享、均衡协调发展

我国是中国共产党领导的社会主义国家,共同富裕是中国特色社会主义的本质要求。从经济发展来讲,推进城乡融合和区域协调发展是实现共同富裕的关键路径,基础设施建设和发展也应当有所作为和担当。

推进基础设施投资向基层下沉,提升基础设施普惠共享水平。一是加快补齐县城市政基础设施短板。重点推进环境卫生

设施提级扩能、市政公用设施提挡升级。加强生活垃圾和污水集中处理设施及配套污水收集管网建设，推进公厕配建补建和老旧公厕改造，完善市政道路"三行系统"和公共停车系统建设，加快布局建设充电桩，加强防洪排涝设施和防灾减灾系统建设，推进县城水厂和老旧破损供水、供热、燃气等管网更新改造。二是加强乡村基础设施建设。加快实施通村组硬化路和深度贫困地区、边境地区进村入户路建设，推进建制村通双车道公路改造。完善农村配送网络，有序推进乡村冷链物流设施建设。加强农村水利及抗旱防洪除涝设施建设，加强农村饮水设施建设，提升规模化供水占比。实施农村电网升级改造工程，推进分布式光伏建设。加强农村人居环境整治，推进农村生活垃圾和污水处理，实施农村水系综合整治，消除农村黑臭水体，因地制宜推进农村厕所革命。加强 5G 部署和光纤网络建设，提高农村、边远地区信息网络覆盖水平。

优化基础设施空间布局，促进基础设施区域协调发展。基础设施是推动地区经济发展的重要支撑，加强相对落后地区基础设施建设，是缩小区域差距、促进区域协调发展的有效举措。应重点加强西部地区和特殊类型地区的基础设施建设力度，加快提高基础设施通达度、通畅性和均等化水平。加快推进川藏铁路、沿江高铁、西部陆海新通道和沿边开放大通道等交通项目建设，加强资源能源开发地干线通道规划建设，构建横贯东西、纵贯南北、沟通中外的运输通道网络。发挥西部地区能源资源优势，大力发展清洁能源产业，加快建设一批水电、风电、光伏发电等多能互补清洁能源基地。加大"西电东送"输电通道建设,提升清洁电力输送能力。建设以重大引调水工程和骨干输配水通道为支撑、以区域江河湖库水系连通工程为补充的水资源配置体系。加快推进"东数西算"西部国家算力枢纽节点和数据中心集群建设。

(四) 更好服务"碳达峰碳中和"目标需要基础设施绿色低碳发展

根据国际能源署数据,我国二氧化碳排放主要来自燃料燃烧,集中于发电与供热、制造业与建筑业、交通运输业。基础设施领域是我国减碳工作的主战场。需要积极探索基础设施的绿色低碳发展路径,将生态绿色环保理念贯穿基础设施规划、建设、运营和维护全过程。持续加大新能源和可再生能源电力对传统煤电等化石能源电力的替代,推进煤电清洁高效低碳转型,建设与新能源和可再生能源特征相匹配的能源储运设施。加快制氢、储氢、运氢的全产业链投资。统筹交通基础设施空间布局,促进资源集约高效利用,优化交通运输结构,提升绿色交通分担率,推进绿色交通装备标准化和清洁化,加快充电基础设施建设。

(五) 极端天气频发需要基础设施韧性发展

全球气候变暖,暴雨洪涝、高温干旱、暴风雪等自然灾害更频繁、更极端。极端天气正在向常态化趋势发展。2021 年,联合国政府间气候变化专门委员会气候科学报告《气候变化2021：自然科学基础》单独设立"气候变化中的极端天气事件"一章，首次凸显极端天气事件是全球变暖的重要威胁。世界经济论坛发布的《全球风险报告》已经连续5年将极端天气事件列为影响人类社会最为重要的风险因素。基础设施是经济社会运行的生命线，极端自然灾害频发凸显基础设施韧性发展重要性。我国属于自然灾害高发地区，而防灾减灾基础设施供给不足，既有工程设施建设标准低、老化严重，加之城镇化带来人口更加聚集，重大自然灾害造成的电力中断、供水中断、城市内涝等，严重威胁着城乡居民生命财产安全，亟需持续加强综合防灾减灾能力建设。提高水利、电力、通信等基础设施设防标准。建设多元化和分散化的基础设施体系。建设环状的或者耦合的基础设施网络。加快防汛抗旱、防震减灾、防风抗潮等防灾减灾骨干工程建设。推进江河湖泊治理、病险水库除险加固、城市防洪防涝与调蓄设施建设。加强灾害监测预警及信息发布能力建设，加快建设应急物资储备基地和应急避难场所。

（六）大国竞争和地缘政治冲突加剧凸显国家安全基础设施重要性

当前，国际环境日趋严峻复杂，不确定性、不稳定性明显增加。以美国为首的西方国家将我国视为最大威胁和对国际秩序的长期挑战，从经济、科技、政治、军事等领域对我国实施打

压。全球地缘政治冲突加剧,动荡源和风险点明显增加,重要
能源资源供应保障不确定性增加。我国国家安全面临前所未
有的挑战,加大安全领域投资建设力度势在必行。推进重大科
技创新基础设施建设,围绕产业链部署创新链,加快实施产业
基础再造工程,确保产业链供应链安全。加大农田水利基础设
施建设,建设一批高标准粮油仓储设施,夯实粮食安全基础。
加快新能源电源、电力外送通道、油气储备设施建设,提升能源
自主保供能力。加快完善综合运输大通道和现代综合物流体
系,强化国家边防公路、边境地区军民两用机场建设,推进沿海
沿边综合运输大通道向边境地区和边防哨所延伸,加大能源、
信息、物流等设施对偏远边境地区覆盖,提升国防安全保障能
力。加强境外港口、重要航线、跨境油气管道等海外基础设施
布局和保护。

六、适度超前开展基础设施投资的优先次序探讨

在面临资金、物资、人力等多重要素制约下,适度超前开展基
础设施投资需要在不同基础设施项目的优先次序安排上作出决
策,以最小投入达到预期目的。本部分将按多属性决策法的思
路,对基础设施投资的优先次序进行打分排序。

（一）优先次序排序方案的设计

确定影响基础设施投资排序的因素。中央政策提出"适度超前开展基础设施投资"就是把各领域相关规划已确定、未来要实施的项目提前开工建设，尽快形成实物工程量，既起到稳增长又实现规划目标的双重目的。鉴于当前我国经济正处于深化供给侧结构性改革、加快推进新旧动能转换、建设现代化产业体系的关键时期，加之国际上"小院高墙""脱钩断链"风险持续攀升对我国国家安全造成严重威胁，因而促进产业转型升级，推动经济社会持续健康发展，维护国家安全，都是当前我国适度超前开展基础设施投资所必须考虑的。因此，本章从稳增长、增潜能、补短板、保安全四个维度对基础设施投资优先次序进行分析判断。"稳增长"主要是指在稳增长背景下，宜优先考虑乘数效应大、撬动能力强的基础设施项目。"增潜能"是指优先建设有利于加快推进基础设施互联互通、连线成网，更好发挥存量基础设施潜能，有利于推动产业转型升级、加快新旧动能转换的基础设施。"保安全"是指优先建设有利于保障产业链供应链安全、粮食安全、能源安全、生态安全、公共安全、国防安全等国家安全基础设施。将"补短板"纳入打分排序维度，一是基于我国传统基础设施结构性短缺现象依然突出；二是随着社会主要矛盾变化，新的短板出现。

对各领域影响排序的四大因素进行赋值。首先，对基础设施

的类别按大类和小类进行分类。根据 2022 年中央财经委员会第
11 次会议确定的全面加强基础设施建设的五大重点任务,将基
础设施分为交通基础设施、能源基础设施、水利基础设施、新型基
础设施、城市基础设施和农业农村基础设施 6 个大类和 30 个小
类。其次,对影响或决定各类基础设施投资优先次序的因素按重
要程度或作用大小从"1"到"5"进行赋值,其中"1"表示重要程度
低或作用小,"5"表示重要程度高或作用大,"2—4"分别表示"较
低/较小""中等""较高/较大"。

对各因素的重要性进行赋权。不同发展时期和形势下,适度
超前开展基础设施投资的目的有差异,权重赋值也不相同。从当
前稳定经济增长和未来长期资本积累与保障国家安全角度出发,
根据党的二十大报告确定的国家重大发展战略、国民经济和社会
综合发展规划、相关行业领域中长期发展规划以及有关研究,并
结合国际经验,对稳增长、增潜能、补短板、保安全 4 个因素的权
重进行赋值,四个因素的权重加总得分为 1。

(二) 应优先投资新基建、能源、水利等领域基础设施

根据上述原则,设计"基础设施投资优先次序专家打分表",
邀请宏观经济和基础设施领域专家和学者,基于稳增长、增潜能、
补短板、保安全 4 个因素对各类基础设施投资的优先次序进行打
分,并对 4 个因素的权重进行赋值,由此估算各类基础设施的最
终综合分值。分值高的基础设施为需要最优先开展投资建设的

领域，大类基础设施的综合分值取小类基础设施综合分值的算术平均值，如表 4-4 所示。

表 4-4 基础设施优先次序排序

基础设施项目类		稳增长	增潜能	补短板	保安全	综合分值	
大类	小 类					小类	大类
交通基础设施	区际快速通道（高速公路与高速铁路）	4.1	3.4	2.3	2.4	3.149	3.325
	普通铁路	3.3	2.7	2.6	2.5	2.836	
	国省干道	3.3	3.1	2.8	2.5	2.967	
	都市圈城市群轨道交通	4.2	4.2	3.7	2.6	3.744	
	港航设施	3.7	3.4	3.1	3.2	3.384	
	现代化机场	3.7	3.3	2.8	3.3	3.290	
	综合交通和物流枢纽	4.0	4.2	3.8	3.5	3.904	
能源基础设施	水电、风电、太阳能等清洁能源	3.9	4.1	3.6	3.9	3.870	3.563
	传统能源技术改造	3.2	3.7	3.6	3.8	3.553	
	油气管网	3.3	3.4	3.6	4.3	3.624	
	跨市跨省跨区输电工程	3.6	3.6	3.2	3.9	3.561	
	城市与农村电网	3.0	3.0	3.7	3.2	3.207	
水利基础设施	防洪减灾	3.2	2.6	4.3	4.6	3.576	3.413
	水源地建设与农业灌溉	3.2	3.1	4.0	3.8	3.492	

基础设施项目类		稳增长	增潜能	补短板	保安全	综合分值	
大类	小　类					小类	大类
水利基础设施	水网建设	3.4	3.4	4.0	3.7	3.597	3.413
	河湖生态修复	2.7	2.4	3.6	3.6	2.987	
新型基础设施	通信网络基础设施	3.6	4.2	3.2	3.8	3.691	3.649
	算力基础设施	3.2	4.0	3.2	3.5	3.487	
	新技术基础设施（人工智能、区块链等）	3.3	4.2	3.3	3.5	3.595	
	科技基础设施（重大科技、产业技术创新基础设施等）	3.1	4.4	3.8	4.0	3.822	
城市基础设施	城市综合道路交通（含轨道交通）	3.8	3.3	3.1	2.5	3.236	3.290
	城市供热供气供水设施（含管网及地下综合管廊）	3.4	3.1	3.6	3.1	3.344	
	城市污水和垃圾处理设施	3.2	2.7	3.7	2.6	3.073	
	防灾减灾基础设施	3.1	2.6	3.9	4.4	3.449	
	公共卫生应急设施	2.9	2.6	3.9	4.2	3.350	
农业农村基础设施	农田水利设施	3.4	3.3	3.8	3.5	3.508	3.118
	农村道路	2.9	2.9	3.3	2.2	2.857	

基础设施项目类		稳增长	增潜能	补短板	保安全	综合分值	
大类	小　类					小类	大类
农业农村基础设施	城乡冷链物流设施建设	3.2	3.4	3.7	2.8	3.293	3.118
	规模化供水	3.1	2.8	3.3	3.1	3.079	
	人居环境整治	2.6	2.6	3.6	2.7	2.851	
权重分配		0.29	0.26	0.24	0.21		

　　新型基础设施、能源基础设施、水利基础设施、交通基础设施、城市基础设施和农业农村基础设施的平均综合分值分别为3.649、3.563、3.413、3.325、3.290和3.118。其中，新型基础设施、能源基础设施对推动产业升级、保障能源供给和能源安全极为重要，水利基础设施是当前我国基础设施的突出短板，是最需要优先开展投资的领域。综合交通和物流枢纽、都市圈城市群轨道交通对畅通经济内循环、推动城市间区域间协同发展具有重要作用，清洁能源对能源安全保障极为重要，科技基础设施对产业转型升级和产业链供应链安全保障极为重要，需要加大投资力度，加快推进相关项目的布局、建设。水网建设、防洪减灾、农田水利设施、水源地建设与农业灌溉等水利和农业农村基础设施，都需要超前布局和加快推进建设。在交通运输基础设施中，综合交通和物流枢纽、边防公路建设等对稳定增长和保障国防安全具有极为重要的战略意义，需要超前谋划布局和加快建设。需要注意的是，本排序是基于全国范围的考量，各地区在经济发展和基础设

施发展水平、地形地貌上存在较大的差异,在基础设施投资优先次序选择上也会存在差异。

七、促进基础设施投资可持续增长的政策建议

(一) 加强基础设施项目谋划论证和储备工作

项目前期工作没有做好,不仅影响投资决策,制约项目建设实施步伐,甚至可能造成项目投资效益差、工程质量低等问题。一是发挥发展规划的重要导向作用。积极贯彻"项目跟着规划走"的原则,着力加强基础设施项目谋划和储备工作,努力把发展规划提出的基础设施发展目标和主要任务"项目化"。增强规划的指导和约束功能,把规划作为基础设施项目决策审批、安排政府投资和确定相关投融资政策的重要依据,更好地规范和引导各类市场主体的投资行为。二是要加大项目前期工作经费支持力度。各级地方政府每年根据自身财政收支状况,从财政预算中安排一定规模的专项资金作为项目前期工作经费。在中央预算内投资中设立更多的前期工作费用专项,加大对地方特别是中西部地区项目前期工作经费支持力度。三是加强项目建设方案谋划论证。地方政府可聘请专业化的投资咨询机构谋划重大项目,或

向潜在社会资本方公开征集重大项目建设方案以及相关商务方案，合理确定项目建设地点、边界范围、建设规模、主要建设内容和建设标准等重大事项，从源头上提高项目的技术、工程、经济和财务可行性。四是建立健全政府投资项目部门协同机制。按照投资主管部门遴选项目，财政部门管好投资资金和债务防控的分工原则，明确由各地投资主管部门牵头，会同财政、国土、住建等有关部门谋划、储备、报送政府投资相关项目，贯彻资源要素跟着项目走的原则，强化项目资源要素配置，形成部门合力，加快推进项目建设实施。

(二) 建立基础设施投资的长期低成本融资机制

政府债务负担快速上升，与政府基础设施投资缺少相应的长期低成本资金支持有关，亟需建立基础设施投资的长期低成本融资机制。一是平衡好稳增长和防风险的关系。我国政府部门杠杆率与发达国家相比仍有较大提升空间，建议继续加大政府债务融资规模，适当提高政府赤字水平。同时，严禁地方政府违规举债行为，杜绝因扩大基础设施投资而造成地方隐性债务再次攀升。二是优化政府债务融资结构，降低政府债务融资成本。适当提高国债和地方政府一般债券发行占比，适时发行长期建设国债，用于支持重大国家战略项目、补短板项目及新型基础设施重大项目建设。三是更好发挥政策性开发性金融的作用。政策性开发性银行拥有准政府信用，能够以极低的成本在金融市场上获得长期低成本资金。建议加大政策性开发性银行对基础设施领域投资项目的支持力度,成立基础设施投资基金对基础设施项目开展股权投资,向符合国家政策规定的基础设施项目提供长期限、低成本的"软贷款"。促进政策性开发性银行回归政策性开发性金融属性,与商业银行错位发展。四是妥善化解地方存量隐性债务。支持地方政府通过债务置换、债务展期等方式,平抑隐性债务化解压力。探索对融资平台存量债务实施"新老划断"处理,释放地方融资平台融资空间。

(三) 更好发挥专项债券促进基础设施投资的作用

地方政府专项债是当前我国政府基础设施投资最重要的资金来源,需要进一步优化专项债券资金管理和使用,提高专项债券资金使用效率。其一,保持新增地方政府专项债券发行规模基本稳定,为有一定收益又属于政府负有提供责任的行业领域建立稳定的政府投资资金来源。其二,合理扩大地方政府专项债券的使用范围。实行专项债资金投向范围负面清单管理,扩大合格项目来源。其三,适度扩大省级政府的专项债券管理权限,允许省级政府适度调整专项债券的投向范围,自主决定政府专项债券资金作为项目资本金的比例和项目范围,更好匹配该省有一定收益项目的资本金需求,扩大对市场化融资的撬动作用。其四,开展市县政府地方政府债券试点。挑选经济发展水平、政府债务状况、底层项目质量较好的市县先行试点,发行自发自还的地方政府债券,待时机成熟再逐步推广,优化形成责权利相统一的专项债制度架构。

(四)多元化基础设施投资主体和投融资模式

一是政府投资应有为更应有度。政府投资要聚焦重点、精准发力,突出政府投资的公共属性,优先保障亟需的公共产品领域获得投资支持,减少竞争性领域的投资。二是积极实施综合开发投资模式。促进资产和收益直接关联的非经营性项目和经营性项目融合一体化开发建设,促进非经营性项目的正外部性转化为综合开发项目的内部财务效益,调动社会投资者积极性。诸如,依托重大交通运输和场站枢纽项目建设,实施交通导向的综合开发(TOD)模式;依托重大生态保护和环境治理项目,实施生态环境导向的综合开发(EOD)模式。三是引导有条件的社会资本积极参与投资重点 PPP 项目。合理设置招标条件和回报水平,通过政府参股但不分红或少分红、配置资源等方式健全 PPP 项目合理投资回报机制。依托资本市场丰富 PPP 项目投资退出机制。

(五)加强基础设施投资项目用地、用能等要素保障

一是强化项目建设用地保障。科学划定耕地和永久基本农田保护红线、生态保护红线和城镇开发边界,提高农转用报批效

率,探索增加混合用地供给,加快推进城镇低效用地再开发,允许采用调剂使用方式处置批而未供土地。二是加强重大项目用能保障。积极保障符合国家产业政策的新开工项目合理用能,全面落实国家重大项目能耗考核单列、原料用能抵扣、新增可再生能源消耗量不纳入能耗总量考核等政策,积极盘活能耗资源。三是协调督促各有关方面加快办理投资项目审核程序。建立健全政府投资项目部门联审联批机制,明确由各地投资主管部门牵头,会同财政、自然资源、住建等部门联合推进项目建设,协调督促各有关方加快办理投资项目审批程序。加快推进建设用地审批、城乡规划许可"多审合一"。缩小用地预审范围,优化供地程序,加大"标准地"供应,推进集中连片论证、分期分块出让海域审批等试点扩面。全面推行区域评估、企业投资项目承诺制等改革。

第五章

促进制造业技术改造投资思路及对策研究

　　根据《国务院关于促进企业技术改造的指导意见》（国发〔2012〕44号），技术改造是企业采用新技术、新工艺、新设备、新材料对现有设施、工艺条件及生产服务进行改造提升，是淘汰落后产能、实现内涵式发展的投资活动，是实现技术进步、提高生产效率、推进节能减排、促进安全生产的重要途径。促进企业技术改造，对优化投资结构、培育消费需求、推动自主创新、加快结构调整、促进产业升级具有重要意义。本章将以制造业技术改造投资为研究对象，分析新形势下扩大制造业技术改造投资的必要性，在梳理总结当前制造业技术改造投资总量及结构特征的基础上，分析面临的问题和障碍，提出促进制造业技术改造投资的政策建议。

一、加大制造业技术改造投资力度的必要性分析

（一）有利于促进制造业转型升级，提升制造业整体竞争力

　　从国内需求来看，我国制造业增加值从2004年的5.2万亿元增加至2020年的26.6万亿元。2004—2011年，制造业增加值占GDP的比重维持在32%—33%之间，2012年开始，制造业增加值在GDP中的比重出现趋势性下降，2020年已经下降至26.2%。随着经济发展，居民收入增加，对教育医疗、文化娱乐等服

务的需求增长快于对制造品的需求增长,制造业增加值在国民经济中的比重下降。2013—2023年,城乡居民消费支出增长排在前三位的是医疗保健、交通和通信、其他用品及服务,靠后的是食品烟酒、生活用品及服务、衣着。制造业整体需求下降的同时,居民对中低端、大众化产品的需求降低,对高端、个性化的制造品需求增加,这对制造业企业产品设计、生产提出更高要求(见图5-1)。

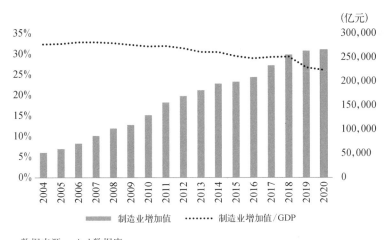

数据来源:wind数据库。

图5-1　中国制造业增加值变动情况

从国际来看,2020年,我国制造业增加值为3.85万亿美元,超过美国和日本制造业增加值之和,是美国的1.65倍、日本的3.69倍、德国的5.53倍。我国制造业增加值占全球制造业增加值的比重从2004年的8.6%上升至28.6%。当前,我国制造业增加值占全球制造业增加值的比重已经超过美国占比的峰值(25.6%,2001年),占比继续上升的空间有限。从制造业出口来看,我国货物出口金额占全球货物出口的比重逐渐趋于稳定,保持在13%左右。2020年以来受疫情影响,份额跃升至14.7%,但不具可持续性。朱鹤(2019)测算了全球5 000多种贸易品的技术密集度,按照技术密集度由低到高将其平均划分为第一类产品、第二类产品、第三类产品和第四类产品,并计算出四类产品在全球出口中的结构变化。作者测算了中国和OECD国家四类产品的出口结构并进行对比,结果显示,当前我国第一类和第三类产品的出口占比已经与发达国家基本一致,但第二类产品的占比偏高,第四类产品的占比偏低。未来中国出口结构优化的路径选择是第二类产品出口占比继续下降,第四类产品出口占比继续上升。由于各类产品在全球出口中的结构大致稳定,全球贸易扩张减缓趋于停滞,中国想要实现出口层面的升级,即提高第四类产品的占比,更多需要分蛋糕来实现,也就意味着会挤占其他发达国家的份额。中国出口层面的制造业升级会面临越来越大的阻力(见图5-2,表5-1)。

无论从国内需求升级还是国际市场来看,我国制造业发展都面临需求放缓的困境,我国制造业发展需要从"以量取胜"向"以质取胜"转变。需求下降叠加前期大规模高速投资导致近年来我国制造业整体产能过剩。前期大规模投资形成的产能中有很多属于低端产能,很难适应市场需求变化。当前,加大制造业技术改造投资力度,加大对新技术、新工艺、新设备、新材料的运用,改造提升现有产能,提升产品品质、降低生产成本,无论是对满足国内居民制造业产品需求升级,还是对提升我国制造业产品在全球竞争力都显得尤为重要。

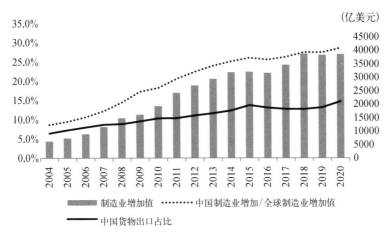

数据来源：wind 数据库。

图 5-2　中国制造业增加值及货物出口占全球的比重

表 5-1　主要经济体制造业增加值(亿美元)

	2005 年	2010 年	2015 年	2020 年
世　界	77 638	105 515	122 922	134 703
中　国	7 337	19 243	32 025	38 538
美　国	16 939	17 890	21 218	23 418
日　本	10 351	11 959	9 095	10 455
德　国	5 711	6 689	6 829	6 973
韩　国	2 406	3 139	3 900	4 068
印　度	1 310	2 854	3 278	3 400

续　表

	2005 年	2010 年	2015 年	2020 年
意大利	2 888	3 037	2 643	2 804
法　国	2 690	2 729	2 544	2 470
英　国	2 684	2 364	2 743	2 271
墨西哥	1 380	1 646	2 011	1 851
俄罗斯	1 198	1 954	1 688	1 966

数据来源：世界银行。

（二）有助于扩大内需和创新成果运用，促进加快形成新发展格局

扩大制造业产品需求。从国民经济投入产出来看，制造业需求主要来自四部分：房地产和基础设施建设投资对非金属矿物制品、金属制品、机械设备、化学制品等投资品的需求；制造业企业技术改造投资对机械设备的需求；居民消费对食品饮料、纺织服装、家电、汽车等消费品的需求；货物出口。由此可知，支持制造业企业技术改造投资力度，有利于扩大制造业产品需求，特别是专用设备制造业和通用设备制造业等产品的需求。

满足居民消费升级需求。当前，我国制造业发展一直存在供

需脱节的问题,企业生产以出口导向为主,国内居民又热衷海外代购,庞大的国内生产能力与庞大的国内消费能力没有得到有效匹配。其中一个主要的原因就是我国生产的制造品不能满足居民消费升级需求所致,大量内需增长都外溢给了国外生产商。随着居民收入增加,对高端的、个性化的制造品需求增加,对中低端、大众化的产品需求降低,居民消费不断升级必然对制造业的产品创新,从而技术创新和设计理念更新提出新的要求。企业必须通过加大技术改造投资等手段,对产品的外观、质量、功能、品牌形象进行升级,才能满足消费者日益增长的高品质产品需求。

对创新投入的需求增加。制造业是创新诱导型产业和诱导创新型产业,是大多数科技创新的孵化基地和应用领域。技术改造是企业采用新技术、新工艺、新设备、新材料对现有设施、工艺条件及生产服务进行改造提升的过程。因此,支持企业加大技术改造投资力度,有利于增加新技术、新工艺、新材料等创新产品的应用场景,诸如,5G 技术、工业互联网、数字产业化等。只有创新产品有市场,创新研发投入才会有收益,企业才会有积极性继续加大创新研发投入,提高企业生产效率。

我国"十四五"规划提出,把实施扩大内需战略同深化供给侧结构性改革有机结合起来,以创新驱动、高质量供给引领和创造新需求,加快构建以国内大循环为主体、国内国际双循环相互促进的新发展格局。构建双循环新发展格局,贯通生产、分配、流通、消费各环节,加大企业技术改造力度有利于提高生产质量和效率,能更好促进双循环新发展格局加快形成。

(三)是制造业绿色发展的内在要求,有利于促进"双碳"目标如期实现

我国经济发展面临的生态环境约束越来越明显,绿色发展是我国经济实现可持续发展的必然要求。作为负责任的大国,我国已经于 2020 年 9 月在联合国大会上提出"碳达峰碳中和"目标,中国将提高国家自主贡献力度,采取更加有力的政策和措施,二氧化碳排放力争于 2030 年前达到峰值,争取在 2060 年前实现碳中和。当前,我国二氧化碳排放量占全球二氧化碳排放总量的 31%,无论碳排放增速还是单位 GDP 碳排放量都要高于世界平均水平。与发达国家相比,我国实现"碳达峰碳中和"目标,时间更紧、任务更重。

制造业部门是除电力和热力部门外,碳排放最大的部门,是终端能源消费占比最大的部门。中国碳核算数据库(CEADs)的数据显示,2018 年我国碳排放总量为 96.2 亿吨,电力和热力部门排放量最大,占比达 46.9%,其次是制造业,占比为 35.6%。制造业中,碳排放最大的行业为黑色金属冶炼及压延加工业、非金属矿产业,占全部碳排放的比重为 18.4% 和 11.4%。如表 5 - 2 所示,当前我国主要高耗能行业产品能耗与国际先进水平还有较大差距,通过提升制造业部门电气化水平,发展原材料或燃料替代,调整优化技术和工艺路线,提高系统能

源效率,研发创新低碳产品等方式,加大制造业部门绿色化改造十分紧迫(见表5-2)。

表5-2　我国主要高耗能行业产品能耗与国际先进水平比较

类　别	单　位	2018年我国水平	同年国际先进水平
钢	Kgcc/t	613	576
电解铝	Kw.h/t	13 555	12 900
铜	Kgce/t	342	360
水泥	Kgce/t	132	97
建筑陶瓷	Kgce/m^2	6.7	3.4
墙体材料	Kgce/万块标准砖	425	300
平板玻璃	Kgce/重量箱	14	03
炼油	Kgce/t	97	73
乙烯	Kgce/t	841	629
合成氨	Kgce/t	1 453	990
烧碱	Kgce/t	871	670
纯碱	Kgce/t	331	255
电石	Kw.h/t	3 208	3 000

数据来源:刘满平(2021)。

（四）是应对人口老龄化的重要举措，有利于缓解制造业用工矛盾

第七次人口普查结果显示，2020年，我国15—59岁劳动年龄人口为8.94亿，较2020年下降了5％，占总人口的比重从2010年的70.1％下降至63.4％，下降了6.8个百分点。我国劳动年龄人口规模在2011年达到9.4亿高峰后就逐渐下降。同时，年轻一代就业观念逐渐转变，普遍不愿意到偏远的工厂上班，不愿意当产业工人。双重因素叠加，导致近年来制造业劳动力短缺、就业人口老龄化问题突出。从城镇就业来看，制造业城镇就业人数从2013年5 258万人的高峰下降至2020年的3 806万人，下降了27.6％；在制造业就业的农民工占比从2008年的37.2％下降至27.3％，下降了近10个百分点，人数从2012年9 375万人的高峰下降至2020年的7 797万人，下降了16.8％。蔡昉（2021）认为，当前我国制造业比重下降具有早熟的性质，即制造业比重出现拐点时，人均GDP依然较低，农业增加值占比和就业人口占比依旧过高，这与我国劳动力过快短缺，制造业比较优势过早下降密切相关。笔者认为，至少要到按2010年不变价计算的人均GDP达到约20 000美元，即进入相对稳定的高收入发展阶段时，制造业比重从上升到下降的转折才成为一种符合大数规律的现象。加大制造业领域机械化、智能化改造，支持制造业企业加大设备投入、实施自动化减员，是应对制造业领域产业工人短缺、工

人队伍老龄化的必要手段,同时也有利于提高产品质量和降低安全生产事故(见图 5 - 3)。

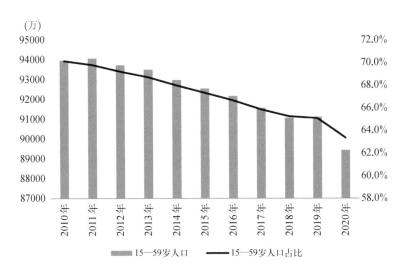

数据来源:Wind 数据库。

图 5 - 3　我国劳动年龄人口规模及占比变动

二、我国制造业技改投资的特征事实

(一)制造业技术改造投资整体保持快速增长

从增速来看,2003—2014 年,全国制造业技改投资年均复合增长 35.2%(江静,2017),同期内全部制造业投资增速为 28.3%。2013—2018 年,制造业技改投资年均增长 16.8%,同期内,全部制造业投资年均增长 9.6%。2019 年,制造业中技改投资增长 7.4%,制造业投资比上年增长 3.1%。2020 年以来,制造业技改投资增速下降至整体制造业投资增速以下,特别是 2020 年,受疫情冲击影响,技术改造投资下降 12.6%,降幅高于整体制造业投资 10.4 个百分点。2022 年、2023 年,制造业技术改造投资增速为 8.4% 和 3.8%,要低于同期整体制造业投资增速。地缘政治冲突加剧和新冠肺炎疫情对全球产业分工格局产生深远影响。产业布局从全球化向区域化发展,从效率至上转向效率和安全并重。产业链延链补链强链、进口替代为国内制造业企业新建投资提供更多的空间。从规模来看,制造业技术改造投资从 1 539 亿元增长至 2014 年的 42 306 亿元,技术改造投资在制造业投资中的占比从 10.5%上升至 25.3%(江静,2017)。2017 年,制造业技改投资 93 973 亿元,占全部制造业投资比重达 48.5%。按照可比口径测算,2019 年,制造业技改投资占全部制造业投资的比重上升至 53.1%,2020 年下降至 47.4%。国家统计局最新解读数据显示,2022 年,制造业技术改造投资占制造业投资比重达 40.6%[①],超过了四成。

---

① 数据来源：国家统计局局长就 2022 年全年国民经济运行情况答记者问,https://mp.weixin.qq.com/s?__biz=MjM5Njg5MjAwMg==&mid=2651517863&idx=1&sn=0e1dc414c7f8878314062b10a9ec7ac2&scene=0

(二) 各行业技术改造投资占比显著提升

国家统计局并未公布技术改造投资的行业数据,仅公布了 2017 年及以前分行业城镇固定资产投资新建、扩建、改建及技术改造的投资规模,以及 2018—2020 年的增速数据。用分行业城镇固定资产投资中改建及技术改造投资数据来分析制造业技改投资的行业特征。将制造业各行业大致归类为高耗能制造业、装备制造业和轻工行业。

1. 高耗能制造业技术改造投资快速上扬。2011—2020 年,高耗能制造业技术改造投资占全部制造业技术改造投资的比重呈先下降后上升的趋势,从 2011 年的 34.7% 下降至 2017 年的 24.2%,2020 年上升至 26.7%。高耗能行业中,技术改造投资规模最大的行业为非金属制品业、化学原料及化学制品业,分别从 2011 年的 2 471 亿元和 2 120 亿元增加至 2020 年的 7 640 亿元,占本行业固定资产投资的比重分别从 24.1% 和 23.9% 上升至 32.7% 和 36.3%。2018 年以来,黑色金属冶炼及压延业技改投资快速增加,投资规模已经快接近化学原料及化学制品业,占本行业固定资产投资的比重从 35.9% 上升至 66.5%。这可能与该行业低碳改造增加相关,黑色金属冶炼及压延业碳排放规模是所有制造业行业中最高的。石油加工、炼焦及核燃料加工,有色金属冶炼及压延技术改造投资的规模虽然较小,但也保持快速增长,2011—2020 年分别增长了 97% 和 79%,2020 年在本行业固定资产投资中的比重为 39.4% 和 31.3%(见图 5 - 4)。

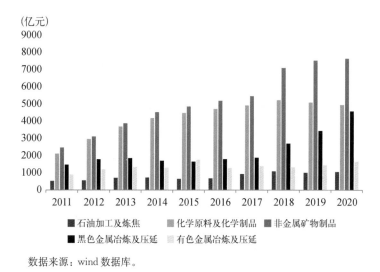

数据来源：wind 数据库。

图 5‐4　高耗能行业规模以上企业技术改造支出

2. 装备制造业技术改造投资增长减弱。2011—2019 年，装备制造业技术改造投资占全部制造业技术改造投资的比重持续上升，从 2011 年的 38.2％上升至 43.4％，2020 年下降至 41.2％。金属制品业技术改造投资从 2011 年的 1 023 亿元上升至 2018 年的 4 003 亿元，2019—2020 年连续两年出现下降，2020 年为 3 522 亿元，年均复合增长为 14.7％。金属制品业技改投资占本行业固定投资的比重从 2011 年的 20.2％上升至 2020 年的 33.3％，上升了 13 个百分点。通用设备制造业技术改造投资从 2011 年的 1 742 亿元上升至 2018 年的 5 832 亿元，2019—2020 年连续两年出现下降，2020 年为 5 246 亿元，年均复合增长 13％，占本行业固定投资的比重从 2011 年的 22.7％上升至 2020 年的 38.2％。专用设备制造业技术改造投资从 2011 年的 1 094 亿元上升至 2019

年的 5 940 亿元,2020 年有所下降,年均复合增长率 19%,专用设备制造业技改投资占本行业固定投资的比重从 18.7% 上升至 35.5%。交通运输设备制造业技术改造投资从 2 352 亿元增加至 2019 年的 6 095 亿元,2020 年下降至 5 432 亿元,年均复合增长 9.7%,增速在装备制造业各行业中是最慢的,占本行业固定投资的比重从 22.8% 增加至 37.3%。电器机械及器材制造业技术改造投资从 2011 年的 1 115 亿元上升至 2018 年的 5 072 亿元,2019—2020 年连续两年下降,2020 年为 4 401 亿元,年均复合增长 16.4%。计算机通信等电子设备制造业、仪器仪表制造业技术改造投资增速是装备制造业中最高的两大行业,年均复合增长分别为 24.9% 和 21.3%。2018 年以来,计算机通信等电子设备制造业技改投资快速增加,2020 年上升至 5 607 亿元,成为装备制造业中技改投资规模最大的行业(见图 5-5)。

3. 轻工业中,纺织、造纸、木材家具等行业技改投资下降明显。轻工业技术改造投资占全部制造业技术改造投资的比重从 2011 年的 29.6% 增加至 2016 年的 41% 后逐渐下降,2020 年下降至 28.6%。轻工业中技术改造投资规模最大的行业为食品饮料烟草类行业,技术改造投资规模从 2011 年的 2 216 亿元增加至 2020 年的 6 627 亿元,其中,约 50% 是农副食品加工业。技术改造投资占食品饮料烟草类制造业固定投资的比重从 22.6% 上升至 32.7%,其中占比最高的是烟草制品业,69% 固定资产投资用于技术改造。纺织服装制鞋业是轻工业中第二大技术改造行业,技术改造规模从 2011 年的 1 206 亿元增加至 2018 年的 4 641 亿

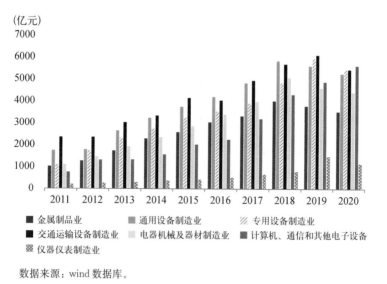

（亿元）

■ 金属制品业　　　　　■ 通用设备制造业　　　　▨ 专用设备制造业
■ 交通运输设备制造业　□ 电器机械及器材制造业　■ 计算机、通信和其他电子设备
▨ 仪器仪表制造业

数据来源：wind 数据库。

图 5-5　装备制造业规模以上企业技术改造支出

元,2019—2020 年连续两年下降,2020 年为 3 587 亿元,年均复合增长 12.9%,占本行业固定资产投资的比重从 17.6% 上升至 32.7%。医药制造业技术改造投资增速是轻工行业中最快的,年均复合增速为 20.5%,2020 年技改投资规模达 2 990 亿元,占本行业固定投资的比重从 21.1% 增加至 34.5%。木材家具制造业技改投资年均复合增速为 16.4%,在轻工业中位居第二,2020 年技改投资规模为 2 708 亿元,占本行业技改投资的比重从 22.3% 上升至 34.4%。造纸印刷及文娱用品制造业、化学及橡胶塑料制造业技术改造年均复合增速分别为 13.4% 和 12.8%,2020 年技改投资规模分别为 2 438 亿元和 2 931 亿元,占本行业技改固定资产投资的比重分别为 37.3% 和 34.4%(见图 5-6)。

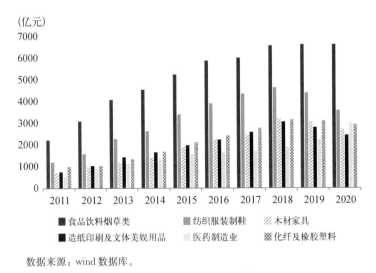

数据来源：wind 数据库。

图 5-6　轻工行业规模以上企业技术改造支出

三、制造业企业技改投资面临的问题及障碍

(一) 市场需求不足影响企业技改投资积极性

　　制造业市场需求放缓迹象持续。当前,我国制造业面临需求放缓的压力。一是居民消费升级,对制造品的支出增速低于收入增速。二是地方政府债务风险防控,规范地方政府债务融资,基础设施投资资金来源受限,基础设施投资增速显著下滑。2018年,基础设施投资(不含电力等)增速从 2017 年的 19％断崖式下

降至 2018 年的 3.8％,2020 年进一步下降至 0.9％。受多重因素影响,基础设施投资增速已经难以再现 2017 年以前的高增长态势。三是房地产调控从严,房地产开发投资下降趋势明显。房屋新开工面积和土地购置面积长时间呈负增长。基建投资和房地产开发投资下降,对工程机械、金属制品、建筑材料等行业的需求降低。四是外部需求增长整体乏力,国际竞争加剧,出口需求持续快速增长受阻。疫情期间,我国出口保持强劲主要跟海外疫情失控,供应链紧张,部分订单回流相关。疫情造成的替代效应终将消退。

部分体制政策障碍影响强大国内市场作用发挥。一是城镇化发展不到位影响部分群体消费潜力释放。当前,我国存在大量在城市工作却无法在城市安家的农民工群体,这些人对制造业产品的消费潜力得不到释放(张斌,2021)。比如,我国的人均汽车保有量远低于处于类似发展水平的高收入经济体,2019 年,我国百人汽车保有量不足 15 辆,日本和韩国处于类似发展阶段的时候达到 25 辆。我国很多家用电器的人均保有量水平也要低于高收入经济体类似发展阶段水平。二是适应新产品新业态的监管机制跟不上,影响新产品新业态的推广应用。以智慧照明产业发展为例,伴随新基建投资和智慧城市建设步伐加快,智慧照明产业的市场前景广阔,但由于智慧灯杆集合了照明、监控、环境监测、WiFi、充电桩、信号基站、多媒体宣传等多项功能,涉及路灯所、公安、城管、宣传部门、电网等多个部门,导致灯杆的安装运维协调成本很高,一定程度上影响了智慧路灯运用的推广普及。三是部分制造业产品缺乏国家标准,影响市场和企业规模做大。仍旧以路灯行业为例,目前,我国的灯杆生产没有统一的国家标准,属于定制化产品,企业基本以销定产,很难实现规模化生产,效率提升有限。产品行业标准缺失还会影响市场的良性发展。由于缺乏标准,导致一些产品在招投标过程中低价中标较常见,挫伤了企业开展创新、提升产品质量的积极性。

需求下降增加企业技改投资的风险。以企业智能化改造为例,自动化设备的投入成本一般很高,属于企业固定成本,如果订单量不够,生产规模上不去,产品的生产成本反而会增加,利润反而会被压缩。保留传统的人工或是半自动生产模式,企业反而可以根据订单需求变动灵活增加或减少所雇佣的劳动力。市场需求不足,部分中小企业对信息化、数字化改造没有动力,认为做工业互联网"不是赋能、是负担"。另外,市场对新技术、新工艺、新材料的认可和接受需要时间,企业在花费大量资金实施技术改造后,还面临市场推广的问题,技改投资收益不确定性增加。

(二) 融资渠道受限及现金流脆弱

从调研情况来看,企业技术改造投资资金来源普遍受限,特别是中小企业,技术改造投资主要依靠自有资金。银行贷款方面,由于技术改造投资涉及新技术、新工艺、新材料的应用,产品市场前景不明,收益存在较大风险,商业银行出于风险考虑,在担保、抵押不足的情况下,并不愿意为企业技术改造提供贷款融资。

一些行业因为属于传统产业或者被列入产能过剩行业，不在鼓励类名单，银行往往采取一刀切的方式，拒绝为该行业企业提供贷款，或者要求很高的抵押担保条件。股权融资方面，很多民营中小企业，特别是家族式企业，对于引入战略投资者存在较大顾虑。而且，当前很多私募股权基金都是聚焦先进制造业、高技术产业，专注于传统产业转型升级、技术改造的投资基金不多，不愿意向传统制造业企业的技术改造提供资金支持。自有资金方面，经济下行叠加疫情冲击，企业的盈利下滑，技术改造投资资金难以保障。而且，由于垫资、应收账款回收难等问题，企业即使有利润也不一定有资金。我国制造业大多处于产业链末端，市场竞争较为充分，对上、下游价格谈判能力都较弱，导致企业应收账款和应付账款周期严重错配，资金被占用的现象严重。特别是一些以政府部门为主要客户的制造业企业应收账款回收期更长，对企业的流动性资金占用很大。由于资金不足，很多中小企业技术改造只能采取渐进模式，即每年投入小额资金对生产线进行局部改造。企业的技术改造一直处于小打小闹状态，难以一步到位，对企业效率提升的影响有限。

（三）高技能人才缺乏降低技术改造投资效率

技术改造投资对高技术人才要求更高。与单纯的新建、扩建产能相比，技术改造投资对企业员工知识水平和技能的要求更高。技改投资不仅仅是买入设备，还涉及生产流程的优化，专用设备功能的设计,对本领域及上下游各环节技术进步、产品更新等方面信息的了解,对外部信息的获取和吸收等等,这些都需要丰富的专业技术支持和经验做支撑。但是,当前制造业企业不仅面临普通劳动力短缺的问题,高技能人才短缺问题同样明显。一是就业观念转变,很多工程机械、冶金化工等制造业相关专业的学生毕业后选择行政服务岗位,不愿意到制造业企业生产线上班。二是制造业企业一般位置比较偏远,远离中心城区。高技术人才往往不愿意去,一方面是出于家庭成员的医疗、教育服务等问题考虑,另一方面是出于自我提升考虑,中小城市或郊区缺乏与同侪交流提升的机会。

高技能人才短缺导致制造业技术改造投资效率较低。人才短缺导致很多制造业企业针对新产品、新工艺的研发能力不足,对先进管理理念、管理模式的理解、吸收、运用不到位,对行业前沿技术和研究成果的掌握不充分,与科研院所的交流合作缺乏效率,成果引进转化困难。调研中,有多家企业表示,在产学研合作的过程中,企业缺乏对等的人才与科研院所的研究人员交流,合作的效率低。而且,企业实施技改以后,虽然对普通劳动力的需求减少,但对劳动力整体素质要求提高,对设备操控、检修等方面工人的学历技能提出更高要求。

(四) 创新发展不足导致技术改造投资缺少素材

一是科研成果转化不畅。首先,高校和科研院所的研究与企业的需求存在一定程度的脱节，科研人员、科研机构与企业的选择方向不一致。科研单位主要关注技术与产业发展方向、成果的研究性而非应用性，企业更关注市场需求和科研投入的财务效益。科研成果从研究到产品再到商品周期长、投入大，科研机构与企业在资金、目标上往往难以达成一致。其次，中小企业与科研院所之间缺少有效的沟通桥梁和合作渠道。中小企业创新信息获取渠道有限，难以找到匹配的科研团队进行合作，对企业实施技术改造。二是知识产权保护不足。企业产权意识不强，一些行业内企业间相互抄袭的现象较为普遍，被侵权企业维权成本高，一些核心技术都不愿意申请专利。企业创新投入与收益不成正比，创新投入的动力不足。三是发达国家的技术封锁。随着我国产业发展能力提升、技术实力增强，以美国为首的发达国家采取一系列政策措施对我国有望取得技术突破高的技术产业实施打压。一些高技术企业不仅在引进外国专利技术方面面临障碍，在进口高端精密制造设备方面也面临诸多障碍。

（五）政府支持政策有待进一步优化

技改投资奖补资金大多被头部企业拿走。我国各级政府对技术改造投资的财政支持主要以财政资金奖补和税收抵免为主。由于奖补的门槛比较高，大部分技改奖补资金都被行业内头部企业拿走，中小企业获得的奖补十分有限。很多地方的奖补门槛都以企业当年技术改造投资规模为准，而且奖补门槛在不断提高，从 100 万元提高到 300 万元,再提高至 500 万元。出台奖补政策的政府级别越高,奖补门槛就越高。而且,必须以当年投资额为准,不能累计。很多中小企业年度技改投金额都在 100 万元以内,有的甚至不到 50 万元,达不到奖补的标准。这就导致从实施结果来看,技术改造相关奖补政策存在所谓的"所有制歧视"和"规模歧视"。

技改投资奖补资金支付进度慢。大多数地方政府实施的技术改造投资奖补政策都是事后奖补,即企业在完成技术改造相关支出后,根据投资支出凭证申请奖补。调研中,有企业反映,由于地方政府财政紧张,技改投资奖补资金拨付进度比较慢。企业获得相关奖补资金时,技改投资已经完成一两年,对于企业技改投资的促进作用不大。

四、促进制造业技改投资的政策建议

(一) 不断增强制造业创新能力和动力

新技术、新工艺、新设备、新材料均源于研发创新,因此,要加强制造业创新能力和动力,为制造业技术改造不断提供新的"素材"和方向。一是加大科研成果转化力度。地方政府要在共性技术研发、技术创新服务平台建设上加大投入。建议,通过成立主导产业研究院（研究中心），为企业技术改造投资提供直接技术支撑或者信息服务，减少创新技术提供者与使用者之间的信息不对称，降低交易成本。通过加大工业互联网等共性技术研发，让技术进步的成果惠及广大中小企业，扩大创新成果的覆盖面，充分发挥其规模效应。二是支持企业实施离岸创新。鼓励那些地理位置偏僻的制造业企业在一线城市和省会城市设立研发部门，同时，加强研发部门与生产部门的交流和对接，最大化提高研发的效率。三是加强知识产权保护，提高企业产权保护意识。一方面是要降低被侵权企业的维权成本，另一方面是要加大对侵权企业的惩罚力度。

（二）加大制造业创新人才培养力度

人才是一切创新的基础，伴随制造业转型升级，对高技术人才的需求越来越大。建议，强化技术工人职称评定工作。完善技工职称评定制度，建立全国适用的技工职称等级标准，以操作技能、制造产品优良率为主，知识、综合能力为辅。鼓励地方和企业将技工职称与城市落户、薪酬、租赁住房等挂钩，激励年轻人深入到实体企业、一线车间，学技术、钻技术。大力发展职业技术教育。职业技术教育是培养现代"工匠"的摇篮，应加大对职业技术教育的扶持力度，大力发展职业技术教育尤其是高等职业技术教育。可将目前一些普通高校逐步转变为高等职校，在著名高校增加高职招生计划，鼓励职校、高校与企业联合办学，开展订单式培训,开放和鼓励企业办职业教育,扩大职教招生规模,着力培育一批具有实践技能和实际工作能力的高技能型专门人才。

(三) 充分发挥强大国内市场的作用

投资回报是企业扩大投资的动力,技改投资也一样。新产品新技术有市场,企业投资才会有收益。当前,受一些体制政策影响,我国强大国内市场的优势并没有充分发挥,制造业规模扩张的空间尚未完全释放。建议:一是提升城镇化的质量。尽快通过土地、户籍、城市公共管理和服务、社会保障等方面的改革,让大量流动人口在城市安家,提升城市化品质,释放流动人口的消费潜力,提高制造业产品需求。二是提升制造业产品国家标准制定能力,促进规模化、专业化生产,支持企业做大做强。对于一些短期内难以出台国家标准的产品,可鼓励地方先行制定地方标准,支持企业参与地方和国家标准制定。三是通过政府采购、消费补贴、税费抵免等方式,增加制造业产品,特别是创新型产品的需求。例如,在政府采购中,预留一定的比例支持国产高技术装备产品和首台套设备,为新产品新技术提供应用场景;对于首台套设备的采购不要求应用业绩、参数设置等市场门槛;对绿色、节能消费品提供消费补贴。

(四) 优化技术改造投资财税支持政策

一是将固定资产投资以外的软件、专利等软性投入纳入支持范围,引导企业由单纯设备更新改造向软硬件全流程改造提升转变。二是降低技改投资奖补的门槛。允许企业在一定的年度内,按照累计投资额进行申报,或者推行技术改造投资补贴"零门槛"申报,不要求最低投资额。三是增加奖补资金拨付的时效性。可以借鉴深圳等地的经验,对部分企业技术改造投资实施同步奖补。例如,深圳市对经市政府确定的重大工业项目和技术改造项目按照固定资产投资额的20%给予同步奖补,最高不超过5 000万元,资金结合项目实际投入进度分期同步拨付。四是将企业技改投入列入研发投入,并按目前研发投入200%加计扣除的标准给予税收优惠。以鼓励企业加大改造升级力度。五是建立技改投资正向激励体系。如,对通过技改投资将单位能耗降到一定标准以下的,增加直购电比例或者降低用电价格。通过企业分类综合评价,相应实施差别化电价、水价、排污费等措施,激励或者倒逼企业技术改造升级。

(五) 拓宽技术改造投资融资渠道

一是创新开展政银企融资对接服务,支持商业银行加大"技改贷"投放力度,支持商业银行开发更多的符合当地产业特色的技术改造贷款产品。充分发挥政府、金融机构和企业的合力,市场监管、税务、社保等有关部门要加强与银行等金融机构的信息互联互通,积极帮助银行等金融机构解决与制造业企业的信息不对称问题,助力银行等金融机构加大对制造业企业尤其是中小企业的融资支持力度。二是发展股权融资。支持地方成立制造业技术改造投资基金、传统产业转型升级基金，为企业提供股权融资，支持企业实施技术改造。为有效带动其他基金投资者的积极性，允许基金收益进行结构化设计，地方政府出资可适当让利。鼓励制造业企业引进战略投资者，通过技术入股等方式，引入外部资源，促进企业转型升级。鼓励地方政府投融资平台公司向产业投资控股公司转型发展，以国有资本运营公司为基本定位，以财务投资为主要手段，重点投资企业技术改造项目和高技术制造项目。三是大力发展设备融资租赁，为企业设备购置提供服务。发展应收账款融资等供应链金融，缓解民营企业资金链紧张等问题。

第六章

「双碳」领域投资：方向重点和资金保障

我国实现"碳达峰碳中和"目标时间紧、任务重。"双碳"领域投资潜力巨大，按照各研究机构估算，我国实现碳中和目标所需的投资至少在 100 万亿元以上，主要集中在能源结构调整，以及工业、交通运输和建筑等终端用能部门的节能减排。绿色低碳领域投资面临巨大资金缺口，建议通过加快发展全国性碳排放权交易市场，大力发展绿色金融和转型金融，加快培育国内 ESG 投资群体等方式，为"双碳"领域投资提供资金保障。

一、我国实现"碳达峰碳中和"目标时间紧、任务重

（一）CO_2 年排放量增速明显下降，单位 GDP CO_2 排放量不断下降

我国是目前全球 CO_2 排放量最高的国家。2020 年，我国 CO_2 年排放量为 99 亿吨，占全球 CO_2 排放量比重为 30.9％，是美国的 2.2 倍、欧盟的 3.9 倍、日本的 9.6 倍。总体来讲，我国年 CO_2 排放量增速呈不断下降趋势，"十一五""十二五""十三五"时期，年均复合增速依次为 6％、2.6％和 1.3％，距离"碳达峰"目标实现越来越近。单位 GDP CO_2 排放量从"十一五"时期开始逐渐下降。2020 年，我国单位 GDP CO_2 排放量为 9 737.8 吨/亿

元,分别较 2005 年、2010 年和 2015 年下降 70.1％、50.7％和 27.7％。但是,从国际比较来看,我国单位 GDP CO_2 排放强度依然较高,距离世界先进水平仍有差距。2018 年,我国按照购买力平价计算的单位 GDP CO_2 排放为 4 744 吨/亿美元,是美国的 2.0 倍、日本的 2.3 倍、德国的 3.0 倍(见图 6-1,图 6-2)。

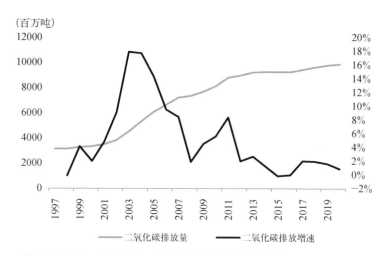

数据来源：BP。左轴为 CO_2 排放量,右轴为 CO_2 排放增速。

图 6-1　我国二氧化碳排放量及增速变动情况

(二) 发电与供热、制造业与建筑业是我国最主要的碳排放部门

国际能源署(EIA)数据显示,我国 CO_2 排放最主要来自燃料燃烧,集中在发电与供热、制造业与建筑业、交通运输业。2018 年,我国

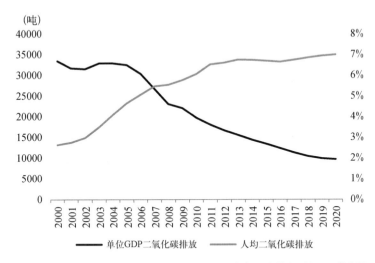

数据来源：BP、国家统计局。左轴为单位 GDP CO_2 排放量；右轴为人均 CO_2 排放量。

图 6-2   我国单位 GDP 二氧化碳排放和人均二氧化碳排放

来自燃料燃烧的二氧化碳排放量为 95.3 亿吨。其中，发电与供热用 49 亿吨，占比为 51.4%；制造业与建筑业用 26.7 亿吨，占比为 30%；交通运输业用 9.2 亿吨，占比为 9.6%；其余行业及部门用占比约为 11%。中国碳核算数据库(CEADs)数据显示，2018 年我国碳排放总量为 96.2 亿吨。分部门来看，电力和热力部门排放量最大，占比达 46.9%；其次是黑色金属冶炼及压延加工业、非金属矿产业，排放占比分别为 18.4% 和 11.4%；然后是交通运输业，排放占比为 7.7%。

(三) 实现"3060"碳达峰碳中和目标时间紧、任务重

截至 2021 年 4 月，有 44 个国家和欧盟宣布了"碳中和"目

标,大约占全球 CO_2 排放和 GDP 的 70%。其中,10 个国家将"碳中和"目标入法,8 个国家准备立法,其余国家只在官方的政策文件中承诺。我国于 2020 年 9 月在联合国大会上提出"碳达峰碳中和"目标,即我国将提高国家自主贡献力度,采取更加有力的政策和措施,CO_2 排放量力争于 2030 年前达到峰值,争取在 2060 年前实现碳中和。从承诺的碳达峰到碳中和的时间间隔看,我国只有 30 年,和大多数发达国家相比要短得多,碳减排压力更大。例如,英国、法国和德国在 1973 年就已经实现碳达峰,与它们承诺的碳中和时间(2050 年)隔了 77年;美国于 2007 年实现碳达峰,与拜登竞选时承诺的 2050 年实现碳中和,中间也有 43 年。而且,我国"富煤贫油少气"的资源禀赋特征使得煤炭在我国一次能源消费中的占比偏高,以及碳排放量较高的第二产业在经济体中的占比较重,使得我国在实现碳中和目标过程中面临的困难更多、任务更重(见表 6-1)。

表 6-1　我国"碳达峰碳中和"阶段目标分解

	2025 年	2030 年	2060 年
单位 GDP 能耗	较 2020 年下降 13.5%	大幅下降	
单位 GDP CO_2 排放量	较 2020 年下降 18%	较 2005 年下降 65% 以上	
非化石能源消费比重	20%	25%	80%

续　表

	2025 年	2030 年	2060 年
风电、太阳能发电装机量		12 亿千瓦	
森林覆盖率	24.1%	25%	
森林积蓄量	180 亿立方米	190 亿立方米	

资料来源：《中共中央　国务院关于完整准确全面贯彻新发展理念做好碳达峰碳中和工作的意见》。

二、"碳达峰碳中和"领域投资规模及方向重点

(一)"双碳"领域投资空间巨大

现有各方测算基本都认为要实现"碳中和"目标，我国需要的固定资产投资规模在 100 万亿元以上。例如，清华大学气候变化与可持续发展研究院分析了不同情景下我国碳减排路径和资金投入规模，结果显示，需要的投资规模在 127.2 万亿元—174.4 万亿元。中国国际金融股份有限公司测算显示，为实现碳中和，我国总的绿色投资需求约为 139 万亿元。总体来讲，低碳领域投资主要包括两大方向：一是能源结构调整，减少一次能源中化石燃料的占比，增加水电、风电、太阳能光伏等可再生能源的利用；二

是终端用能部门低碳转型，加强终端用能部门节能提效和电气化替代。

(二)"双碳"投资重点领域和方向

能源结构调整。持续加大新能源和可再生能源电力对传统煤电等化石能源电力的替代，推进煤电清洁高效低碳转型，建设与新能源和可再生能源特征相匹配的能源储运设施。加快制氢、储氢、运氢的全产业链投资。

工业领域节能减排。加强工业部门电气化替代，以电力替代煤炭、石油等化石能源的直接消费；加大技术研发，发展原材料或替代燃料，诸如，发展用氢作还原剂的零碳炼铁技术；调整优化技术和工艺路线，提高系统能源利用效率。

绿色建筑。随着建筑总量的增加和人民生活水平的提高，建筑能耗总量和占全国终端能耗的比例均将呈增加趋势。要强化建筑节能标准，改进北方建筑供暖方式，增建储热等设施，发展分布式智能化可再生能源网络，实现热电气协同；扩大农村生物质资源在供热、供气、供电领域的商业化利用；推动全国现有建筑节能改造，提高设备系统效率。

绿色交通。随着城市化进程发展，交通部门能源消费占比将呈现较快增长趋势。统筹交通基础设施空间布局，促进资源集约高效利用，优化交通运输结构，提升绿色交通分担率，推进绿色交通装备标准化和清洁化，加快充电基础设施建设。

三、加强"双碳"领域投资资金要素保障

(一) 更好发挥碳排放权交易市场的关键作用

通过市场化手段形成有效的碳价格信号可以引导各方有序高效地参与低碳转型。在碳排放配额和价格信号引导下，企业可以通过加大绿色低碳技术改造投入力度，减少碳排放，也可以从碳排放配额富裕的企业购买碳排放额。同时，碳市场的交易价格也反映了低碳技术的市场价值，有利于刺激新能源、碳捕获和碳沉降、煤的清洁燃烧技术等低碳技术研发和市场化。我国自2013 年起，先后在北京、上海等省市开展了碳排放交易试点，并在 2021 年 7 月 16 日正式建立全国统一的碳市场，初期仅将电力行业纳入覆盖范围。总体来讲，相比欧盟等发达经济体，我国碳市场发展尚处于初级阶段，存在覆盖行业较少、交易主体单一、金融工具匮乏等问题，造成交易"潮汐现象"严重、价格波动剧烈等状况。建议：一是基于覆盖范围内的历史排放情况与总体减排目标，尽快确定未来一定时段的碳排放总量。二是扩大全国性碳市场覆盖行业范围，逐渐将钢铁、化工、造纸等高排放行业纳入覆盖范围。三是设立碳价格稳定机制，形成碳价稳定上涨的预期，防止碳价失灵，确保减排效果。四是完善配额的分配，逐步增加

配额拍卖比例,形成支持低碳发展的公共资源。五是扩大全国性碳市场参与主体,特别是金融机构的参与,提高碳市场的流动性,稳步发展碳金融衍生品交易,发挥风险对冲及价格发现作用。

（二）大力发展绿色金融等有利于绿色低碳转型的金融服务

近年来,我国绿色金融发展取得了积极成效。截至 2022 年6 月,我国本外币绿色信贷余额为 19.55 万亿元,绿色债券存量规模达 1.2 万亿元,位居全球第二。但是,当前我国绿色金融存在投资行业较为集中,绿色金融工具发展不平衡,绿色标准不统一,信息披露不完善等问题。建议：一是明确和统一绿色标准,确保资金能够真正流向绿色节能、环保型企业和项目。二是加大绿色金融产品和服务创新以及绿色金融商业模式创新,运用绿色信贷、绿色债券、绿色产业基金、绿色担保、绿色补偿等产品工具,广泛调动各类资源为"双碳"领域投资提供资金支持。三是通过财政贴息、税收优惠、风险补偿、信用担保、中央银行再贷款、设立绿色发展基金等举措降低绿色项目融资成本,提升投资者的风险承受力。四是强化企业环境信息披露要求,通过建立公共环境数据平台,完善绿色评级认证,施行环境风险分析等多种措施,有效制止污染性投资,为绿色金融发展营造良好生态环境。五是积极发展转型金融。仅依靠绿色金融筹集资金远远不够,必须要支持高碳产业逐步低碳化。转型金融可扩大对气候变化相关活动的支持面,对绿色金融形成补充,避免道德风险。

(三) 加快培育国内 ESG 投资群体

ESG 投资是在基础的投资分析和决策过程中融入环境保护 (E)、社会责任(S)、公司治理(G)等因素，以降低风险、提高投资价值并实现全社会的可持续发展。实体企业的绿色转型离不开银行、保险、投行、资管等金融机构的资金支持。当前，我国金融机构在投资活动中融入绿色投资理念的比例仍然较低。根据 MSCI 发布的 2021 年《全球机构投资者调查》报告，来自加拿大、日本、欧洲的投资经理受访人在资产管理过程中采用 ESG 框架的比例分别为 75％、59％和 56％。而中国 2019 年基金管理机构中，开展 ESG 投资实践的比例仅 16％。我国 ESG 投资领域还处于发展初期，仍然存在信息披露不充分、评级体系覆盖不足、指数编制不完善、责任投资群体匮乏等问题。建议：积极引导具有社会性质的资金发挥示范作用，不断强化机构的 ESG 投资理念。鼓励社保基金等公共资金以及养老基金、保险资金等长线资金开展 ESG 投资，并在对机构投资者评估评级时引入 ESG 因素。加强 ESG 理念宣介推广力度，定期公布 ESG 投资人名单，加大对典型和优秀案例的宣传推广，培育 ESG 投资人群体，形成发展 ESG 投资的广泛共识。强化企业 ESG 信息披露。

第七章

提高利用外资质量的思路及政策建议

近几年我国外商直接投资（Foreign Direct Investment，FDI）流入保持稳定，但增速放缓；FDI 流入行业更加多元化，高技术产业 FDI 流入快速增长；FDI 流入区域和外资来源地仍旧集中。未来，我国面临的引资竞争将不断加剧，既有的劳动力等要素成本优势在削弱，但巨大的国内市场对市场寻求型 FDI 吸引力不断增加，完备的产业体系和庞大的工程师队伍对高附加值FDI 的承载能力不断增强。建议从扩大服务业对外开放、扩大利用外资渠道、持续优化营商环境、完善外商投资管理制度等方面促进高质量利用外资。

一、当前我国利用外资的特征事实

（一）FDI 流入保持稳定，增速放缓

金融危机爆发后，全球 FDI 流入显著下滑。2015 年，一度回升至危机前水平，随后又开始下降，2016—2018 年分别下降5.6％、21.9％和 13.4％。在全方位扩大外商投资领域、提高外商投资便利化程度相关政策带动下，我国 FDI 流入依然保持平稳，并未出现明显下滑，2016—2018 年，我国 FDI 流入增速依次为 −1.4％、1.9％和 1.5％。2018 年，我国实际使用外资金额1 383.1亿美元，在全球 FDI 流入中的占比上升至 10.7％。但是，

"十二五"以来,我国 FDI 流入增速显著放缓。"十五"和"十一五"期间,我国 FDI 流入年均复合增长 12.2％和 9.6％,"十二五"期间、2016—2018 年,我国 FDI 流入年均复合增长下降至 3.4％和 0.7％(见图 7-1)。

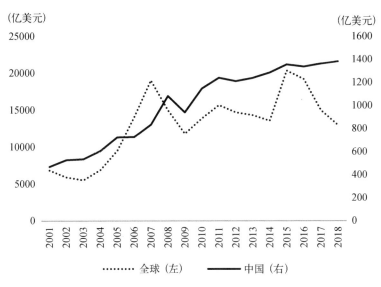

数据来源：UNCTAD、商务部统计公报。

图 7-1　全球与中国 FDI 流入对比

(二) FDI 流入行业更加多元化,引进外资质量不断提升

服务业外资流入占比增加。随着我国对外资准入限制不断放宽,"十三五"期间,FDI 流入的行业分散程度继续提升。制造业吸引 FDI 占比从"十二五"初期 40％左右下降至 2016—2018

年的 28％。服务业吸引 FDI 流入占比不断上升，其中，受房地产调控政策影响，房地产业 FDI 流入在"十三五"期间显著下降，占全部 FDI 流入的比重从"十二五"时期 24％的均值下降至 2016—2018 年的 15％；金融业 FDI 流入显著增长，2015 年金融业 FDI 流入占比从此前的 2％—3％大幅上升至 12％，规模达 150 亿美元，2016—2018 年虽然有所下降，但依然维持在较高水平，2016—2018 年，金融业 FDI 流入占全部 FDI 流入的比重均值为 7％；租赁和商务服务业吸引 FDI 流入占比从"十二五"时期 8％的均值上升至 2016—2018 年的 13％；信息传输、计算机和软件业吸引 FDI 流入从"十二五"时期占比 2％的水平上升至 2016—2018 年的 10％。

高技术产业吸引 FDI 规模显著增加。2016—2018 年，我国高技术制造业累计吸引 FDI 329.4 亿美元，高技术服务业累计吸引 FDI 592.7 亿美元，占同时段 FDI 流入的比重分别为 8％和 14.5％，较"十二五"时期显著增加。其中，高技术制造业吸引外资以电子及通信设备制造业为主，其次是医药制造业；高技术服务业吸引外资以信息服务业为主，其次是科技成果转化服务和研发与技术服务。

（三）FDI 流入区域和外资来源地依旧集中

FDI 流入地区分布仍旧以东部地区为主。虽然自 20 世纪 90 年代中期，我国全方位对外开放的基本格局就已经形成，并且从

2000 年我国就开始发布《中西部地区外商投资优势产业目录》，鼓励跨国企业投资于中西部地区，但是中西部地区吸引 FDI 占比一直很低，且改善幅度有限，东部地区吸收 FDI 占比从未低于 80%。

FDI 来源地十分集中。受地理和文化因素影响，我国 FDI 来源地主要集中在东南亚国家以及中国香港地区。2005 年，中国香港地区占我国 FDI 流入的比重下降至历史低值 24.8%，此后又逐渐上升，特别是全球金融危机后。2011—2018 年，来自中国香港地区的 FDI 占比从 56.9% 上升至 65%，对中国香港地区 FDI 流入的依赖程度甚至比 20 世纪 90 年代还要高。

二、我国利用外资面临的新形势及新环境

(一) 我国面临的引资竞争不断加剧

全球跨境投资活动放缓。2008 年全球金融危机造成的不利影响至今犹存，全球经济整体复苏乏力，FDI 回报率下降，显著影响企业的投资活动。据 UNCTAD 统计，2005—2007 年金融危机前，FDI 回报率为 8.6%，2016—2018 年，FDI 回报率下降至 6.8%。2015 年，全球 FDI 流入一度恢复至危机前水平，但此后已经连续三年下滑。2018 年，全球 FDI 流入下降至 1.3 万亿美

元,与 2015 年高峰期相比下降了 34％,其中发达国家下降了 46％,发展中国家下降了 3％(见图 7‐2)。

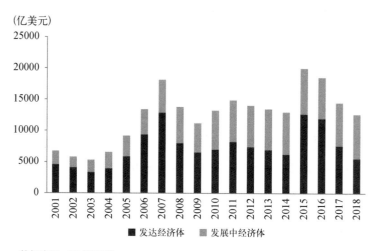

数据来源：UNCTAD。

图 7‐2　发达经济体和发展中经济体 FDI 流入

全球引资竞争加剧。为了吸引 FDI,促进经济发展和就业,世界主要国家和地区都推出一系列投资自由化、便利化措施。美国等发达国家通过减税等方式促进制造业回流,重振实体经济。东南亚、南亚等发展中经济体通过扩大开放水平、改善营商环境,并利用廉价的要素成本吸引 FDI 流入,对我国劳动密集型 FDI 流入形成分流。全球引资竞争不断加剧,根据 UNCTAD 历次发布的《全球投资政策监测》显示,全球每年要出台 100 项左右与 FDI 有关的政策,很大一部分都是投资自由化和促进政策。

发达国家对我国对外开放的互惠要求提高。当前我国已经成为世界第二大经济体。尽管我国的人均收入水平还较低,但是美、欧等国已开始质疑我国的发展中国家地位,不愿意再将我国视作发展中国家,对技术转移、知识产权保护相关方面的要求越来越严格,这对我国调整并规范利用外资政策提出更高要求。随着我国企业对外直接投资能力显著提升,对发达国家的直接投资越来越多,特别是在高技术领域,发达国家对我国投资领域开放程度和便利化程度的互惠要求也不断提高。

(二) 既有的成本优势在减弱

要素成本上升降低我国对成本驱动型 FDI 的吸引力。人口老龄化加剧、劳动年龄人口占比减少、年轻一代就业观念发生转变、社保征缴力度加大等因素导致近年来我国劳动力成本显著上升,特别是制造业。EIU 数据库估算数据显示,2017 年我国每小时劳动力成本较 1999 年增长 10 倍,与越南、菲律宾等东南亚国家相比,我国已不具备劳动力成本优势。加之,受土地、租金价格上涨以及环保趋严等因素影响,近十年来,一些对成本比较敏感的劳动密集型加工贸易企业已经开始向南亚、东南亚转移。预计在较长一段时期该趋势仍将持续,成本驱动型的 FDI 流入将逐渐下降。

中美贸易摩擦可能加速成本敏感型企业向外转移。我国出口导向型的外商投资企业较多,外商投资企业进出口总值占我国全部进出口总值的比重约为 50%。中美经贸摩擦短期内难以根本解决,将长期存在。为了避免中美贸易摩擦升级或扩大,加之东南亚等新兴市场国家大力改善基础设施状况,不断加大税收、金融等政策优惠力度,加工贸易型外商投资企业,特别是以服务美国市场为主的企业,很可能会未雨绸缪、提前布局,逐渐将产能转移至其他国家和地区。新的外资流入也会更加保守、更加谨慎。

(三) 新的竞争优势在形成

庞大的国内市场对市场寻求型 FDI 形成巨大吸引力。2023年,我国国内生产总值 126 万亿元,人均 GDP 超过 1 万美元。当前我国经济增速在全球主要经济体中仍然属于较高的,拥有世界上规模最大的中等收入群体。居民收入增加、消费升级,对一些高附加值、个性化的高端产品需求将显著增加。跨国公司不会忽略中国这个重要的市场,市场寻求型 FDI 将增加。而且,在中美贸易摩擦影响下,部分跨国企业可能重新考虑其全球布局,在中国开展直接投资,以规避潜在的贸易壁垒。强大的国内市场为一些新技术的商业化提供了条件,国外的一些先进技术到中国来才能更好发挥其效用。

承接高附加值外商投资的能力在增强。首先,经过多年的快速发展和工业化,我国已经建成一套完整的工业体系,产业配套齐全,基础设施完善,具有完备的原材料供应和产品分销体系。这在很多发展中国家是不具备的。其次,我国人力资本储备丰富。1999 年开始,高校实施大规模扩招,大学生数量快速增加,为我国积攒了大量学习能力强且廉价的工程师队伍。产业升级和人力资本积累为我国承接高附加值 FDI 提供了基础,促使很多跨国企业在我国设立地区总部,增加研发、设计等高附加值投资。1998 年以来,我国高技术产业实际使用外资增长了 16 倍,2018 年占比达 23.2%。跨国公司在华投资地区总部、研发中心超过 2 000 家。

营商环境不断优化。一方面,对外资准入限制逐渐缩小,坚持外资准入负面清单条款只减不增。另一方面,不断提高外商投资便利化程度。我国整体营商环境在全球的排名不断提升,根据世界银行营商环境报告的评估,2005 年至 2019 年,中国整体营商环境排名从全球第 91 位上升至 31 位,是全球营商环境改善最显著的国家。

(四) 并购投资快速增加

我国 FDI 流入一直以绿地投资为主,外资并购占 FDI 的比重很低。随着我国经济不断发展,大批企业发展起来,以及对外资并购的限制逐渐放松,外国投资者在我国境内开展跨境并购交易逐渐增多。2015 年以来,我国 FDI 流入中跨境并购交易的规模显著扩大,2015—2017 年,外资并购金额为 177.7 亿美元、201.7 亿美元和 145.7 亿美元,占当年吸收 FDI 的比重均超过 10%。当前,我国经济已经从高速发展阶段迈入高质量发展阶段,企业经营发展面临深度的整合调整,这为跨国企业提供了很多的并购标的。随着我国有关外资并购的限制逐渐放松，跨境并购在外商直接投资中的占比有望继续上升（见图 7 - 3）。

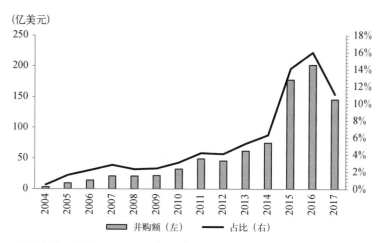

资料来源：商务部 2016—2018 年《外商投资统计报告》。

图 7 - 3　外国投资者在我国跨境并购交易情况

三、促进高质量利用外资的思路及政策建议

（一）扩大服务业领域对外开放

　　相比制造业对外开放，我国服务业对外开放相对缓慢，服务业对 FDI 的限制较多。从 OECD 公布的 FDI 限制指数来看，2018年，我国服务业 FDI 限制指数不仅高于欧美等发达国家，也高于巴

西、南非、印度等发展中国家,除批发零售外,其他服务业行业限制指数都较高,特别是在交通运输、金融、电信和传媒等领域。应进一步扩大金融、教育、通信、卫生等服务业领域对外开放的范围,通过 FDI 带来的溢出效应,提高我国服务业的整体竞争水平。

(二) 合理扩大利用外资的渠道

FDI 一直是我国利用外资的最主要方式。相比其他方式,FDI 的资金流稳定、风险低,但是成本较高,FDI 回报率超过 10%。我国对外资产主要以低收益的储备资产为主,对外负债却是以高收益的 FDI 为主,因此,我国虽然是净债权国,净投资收益却常年为负。2004—2018 年,我国对外资产中,储备资产平均占比为 61.4%,对外负债中,FDI 平均占比为 59.3%。在坚持高质量引进 FDI 的同时,我国应该在风险可控的前提下,探索拓宽利用外资的渠道,鼓励外资投资于我国债券市场和股票市场,支持符合条件的企业在境外发行债券和股票融资。同时,要从加快金融市场改革,构建多层次资本市场,提高金融监管效率入手,做强做大国内资本市场,奠定多渠道利用外资的基础。

(三) 持续推进营商环境不断优化

2019 年,我国全球营商环境便利度排名第 31 位,显著提升,但是部分指标排名依旧很靠后,特别是纳税和获得信贷两个一级指标仅分别排 105 和 80，跨境贸易、办理破产等指标也较为落后。建议稳步推进落实减税降费措施，降低企业所得税、个人所得税和社保税率，简化税收征缴程序。简化行政审批和许可流程，当前我国在项目建设施工等方面依然面临较多审批。加强知识产权保护，加大知识产权侵权惩罚力度。加强知识产权保护不仅有利于吸引技术密集型外商投资流入，还能促进境内企业加大创新投入，转型升级。在政府采购和工程招标中，对不涉及国家安全的，对内外资要一视同仁；在制定相关政策和标准时，要充分听取外资的意见。

(四) 完善外商投资管理制度

一是完善外商投资安全审查制度，维护国家安全。我国已于 2011 年建立外商投资安全审查制度，应根据需要进行持续完善，并定期公布相关报告，加大信息披露。二是对《反垄断法》等竞争规则进行更新，不断完善公平竞争审查制度，提高控制技术垄断行为的立法与执法水平，维护市场竞争，避免大型跨国企业依靠其垄断优势损害我国产业发展。三是落实《外商投资法》相关细则，确保相关政策落实到位，增强外国投资者的信心。

(五) 保护外资撤离及产业转型升级过程中的受损者

随着劳动力、土地、租金价格上涨，环保成本上升，加之中美贸易摩擦带来的不确定性,很多低端的、成本敏感型的劳动密集型外商投资企业将会向南亚、东南亚等地区撤离。外资撤离、关闭工厂,很多低技术劳动力将面临失业以及转岗困难的风险,应当采取措施化解劳动密集型外资撤离对就业及地区经济发展的影响,应通过失业救济以及再就业培训等措施保护外资撤离过程中的受损者,特别是低技术工人。

第八章

中国分行业资本存量与投资效率估算：1981—2022 年

资本存量是指在一定时点下凝结在生产单位中的固定资产的规模，一般用实际价值表示。在经济增长核算、投资效率分析以及潜在产出估计等经济研究领域，资本存量都是一项不可或缺的变量。资本存量主要包括建筑、机器、设备等有形资产，也包括资源勘探、软件开发、文艺创造、研发活动等产生的无形资产，是社会生产主要的投入要素。目前，我国官方尚未对资本存量进行估算，相关的估算工作主要集中在学术研究领域。本章对 1981—2022 年我国 19 大门类行业资本存量进行估算，主要创新点包括三个方面：一是将 1980—2002 年分行业固定资产投资的数据进行了更精细化的处理，让分行业物质资本存量的估算结果更准确；二是将 1980—2002 年的分行业投资数据进行协调统一，调整为目前通用的行业划分标准，即 2017 年版；三是根据国家统计局最新统计年鉴公布的固定资产投资规模数据对 2003—2022 年分行业固定资产投资数据进行修订和估算，避免直接利用历史公布的规模数据以及基于历史规模数据和名义增速估算缺失规模数据可能存在的高估问题。

一、文献综述及估算方法

当前，我国资本存量估算主要集中在两大维度：全国或分地区总量层面的资本存量估算；分产业或分行业层面的资本存量估算。分行业资本存量估算可进一步分为全国层面的估算和分地区层面的估算。徐现祥等(2007)对全国三次产业资本存量进行了估算。薛俊波和王铮(2007)、翁宏标和王斌会(2012)、雷辉和潘欣(2016)、田友春(2016)、杨轶波(2020)等对全国分门类行业资本存量进行了估算。孙琳琳、任若恩(2014)区分资本财富存量估算和资本服务流量估算的差异，使用 OECD 的资本测算框架估算了具有国际可比性的我国行业层面资本存量和资本流量数据。

也有文献对某一行业或某一领域资本存量进行估算。王金田等(2007)估算了全国及分省的农业资本存量。徐杰(2010)估算了工业部门分行业资本存量。黄勇峰等(2002)估算了制造业分行业资本存量。詹宇波等(2014)估算了信息通信技术制造业资本存量。金戈(2012)、胡李鹏等(2016)估算了省际基础设施领域资本存量。金戈(2016)将全社会总固定资产划分为经济基础设施、社会基础设施和非基础设施，分别从全国层面和地区层面对三大类资本存量进行估算。陈碧琼等(2013)、倪泽强和汪本强(2016)估算了省际公共物质资本存量。李杰伟和张国庆(2016)、张学良(2021)估算了全国和各省交通基础设施资本存量。陈晨等(2021)估算了省际研发资本存量。杨玉玲、郭鹏飞(2017)估算了省际第三产业的总资本存量、净资本存量、生产性资本存量，考察了第三产业资本存量的空间分布特征。

采用永续盘存法(PIM)对我国分行业资本存量进行估算。PIM 由 Goldsmith 提出，是估算资本存量的最主流方法。在资本相对效率呈几何递减的假定下，永续盘存法计算资本存量的公式可简化为：

$$K_{i,t} = I_{i,t} + (1 - \delta_{i,t})K_{i,t-1}$$

其中，K 表示资本存量，I 表示新增投资，两者均为扣除价格因素的实际价值，δ 为资本折旧率，i 和 t 分别表示行业和时间。由此可知，资本存量的估算涉及四个关键变量：当期的投资额、投资价格指数、资本折旧率和基期资本存量。

二、指标选取及数据构建

(一) 当期投资额

当前，全国或分地区总量层面的资本存量估算主要采用 GDP 核算中的固定资本形成。我国官方公布的固定资本形成并不包含分行业信息，采用固定资本形成对分行业资本存量进行估算存在较大难度。我国固定资产投资数据具有分构成和分行业等结构信息，因此本章将采用固定资产投资数据估算分行业资本存量。我国固定资产投资数据统计在 2002 年及以前和 2003 年及以后存在较大差异，需要进行协调匹配。

1. 2002 年及以前数据处理

2002 年及以前，我国固定资产投资分行业数据是按照 1994

年国民经济行业分类与代码(GB/T4754－94)进行披露,分为16个门类。全社会固定资产投资统计被分为：国有单位固定资产投资[①]、城乡集体所有制单位投资和城乡个人投资。国有单位固定资产投资又包括基本建设投资、更新改造投资、其他固定资产投资和房地产开发投资,其中,基本建设投资和更新改造投资具有分行业信息。城乡集体所有制单位投资也包含分行业信息。梳理国有单位固定资产投资分行业数据,将基本建设和更新改造分行业数据进行加总,将房地产开发投资并入房地产业投资,其他固定资产投资根据基本建设投资和更新改造投资加总数据计算的行业权重进行拆分,再与前三类数据进行加总,得到国有单位固定资产投资分行业数据。1980—1984年,部分门类投资数据进行了合并公布,我们按照分项数据公布开始后的五年平均权重对1980—1984年数据进行拆分补充。城乡集体所有制单位投资中,城镇集体所有制单位投资有1982—2002年的分门类数据,乡村集体所有制单位投资的分行业数据较为粗糙,仅包括工业、农林水利气象、文教卫生社会福利和其他。《中国固定资产投资统计数典》公布了1996—2000年分行业城乡集体所有制单位投资。按照1982—2000年城镇集体所有制单位投资分行业权重对1980—1995年城乡集体所有制单位投资总额进行分解。将2001—2002年城乡集体所有制单位投资按照1996—2000年城

---

① 《中国固定资产投资统计数典》指出,随着经济改革步伐加快,出现了许多新的经济类型,因此,后期的国有单位四部分投资不是纯粹意义的国有投资,其中包括联营经济、股份制经济、外商及港澳台投资经济等的投资。

乡集体所有制单位投资分行业权重分解到各行业。城乡个人投资主要包括城市、县城、镇和工矿区的个人建房投资和农村个人建房及购买生产性固定资产的投资，难以匹配到行业中，而且城乡个人固定资产在全社会投资中的占比较低，因此，本章在分行业资本存量估算中，暂不考虑城乡个人投资。

2. 行业分类的协调

为了保持行业分类的一致性，将1980—2002年的投资数据调整为目前通用的标准，主要是将服务业中相关门类的大类数据进行重新组合，与2017年国民经济行业分类相匹配，行业协调结果如表8-1。在此过程中，部分1980—2002年的分行业数据需要细化至大类，大类数据缺失的年份，将根据可获得数据计算的平均权重对门类数据进行拆分。城乡集体所有制单位投资仅包含分门类的数据，门类下面的大类数据权重假设与加总的基本建设支出和更新改造支出权重一致。

表8-1　行业协调及统一

GB/T4754—94	GB/T4754—2017
农林牧渔业	农、林、牧、渔业
采掘业	采矿业
制造业	制造业
电力、煤气及水的生产和供应业	电力、热力、燃气及水的生产和供应业
建筑业	建筑业

续　表

GB/T4754—94	GB/T4754—2017
交通运输、仓储及邮电通信业	交通运输、仓储和邮政业
信息咨询服务业、计算机应用服务业	信息传输、软件和信息技术服务业
批发业、零售业	批发和零售业
餐饮业、旅馆业	住宿和餐饮业
金融、保险业	金融业
房地产业	房地产业
租赁服务业	租赁和商务服务业
科学研究和综合技术服务业、地质勘查业	科学研究和技术服务业
水利管理业、公共设施服务业、	水利、环境和公共设施管理业
居民服务业、其他社会服务业、旅游业	居民服务、修理和其他服务业
教育	教育
卫生、社会福利保障业	卫生和社会工作
娱乐服务业、文化艺术业、体育、广播电影电视业	文化、体育和娱乐业
国家机关、党政机关和社会团体	公共管理、社会保障和社会组织

3. 2003—2022 年投资数据处理

2003 年及以后我国固定资产投资数据发布较此前进行大幅简化，国家统计局直接公布了全口径下的分行业数据，即按照行业分的全社会固定资产投资。2018 年起，我国固定资产投资统计数据发布出现重大变化。国家统计局不再公布除整体固定资产投资、民间固定资产投资、三次产业固定资产投资、房地产开发投资以外的固定资产投资规模，仅公布名义增速。但是，从少数几个既公布规模又公布增速的指标来看，按照规模计算的增速与国家统计局公布的增速均存在较大偏差，国家统计局公布的名义增速显著高于按照规模计算的增速。这主要是源于统计数据挤水分。部分地区制定了不切实际的计划目标并进行行政绩效考核导致固定资产投资数据长期存在高报的问题。因此，需要对过往年鉴中披露的 2003—2017 年分行业投资规模数据进行修订，并推算 2018—2022 年分行业投资数据。

《中国统计年鉴 2021》公布了整体固定资产投资、民间投资、三次产业固定资产投资最新修订值。修订后的数值较此前公布的数据明显下调，按照规模计算的增速与直接公布的增速一致。《中国统计年鉴 2023》再次对上述投资规模数进行了修订，规模再次下调。但是，统计年鉴仍未公布包括行业、区域在内的固定资产投资修订值。本章以 2023 年统计年鉴公布的投资数据为基础，并在合理假设基础上，对我国分行业投资规模进行修订。由于年鉴中单独公布了修订后的房地产开发投资规模数据，因此，我们将房地产开发投资从房地产业投资中剔除，以 2017 年行业规模数为基期，按照所公布的分行业投资名义增速推算虚拟的投资规模，计算各行业在整体投资中的占比，再将年鉴公布的全社会固定资产投资（不含房地产开发投资）规模按照占比分解至各行业，最后将房地产开发投资加入修订后的房地产业投资中，计算出调整后的分行业固定资产投资数据。

（二）投资价格指数的确定

国家统计局并未公布分行业固定资产投资价格指数，因此，大多数文献在进行分行业物质资本存量估算时均采用统一的固定资产投资价格指数。我国于1992年开始公布全国及各省区的整体固定资产投资价格指数、分构成固定资产投资价格指数，2020年起国家统计局不再对外发布。对于缺失数据的处理主要分为两类。一类是将固定资产投资价格指数与其他价格指数进行线性回归，拟合出缺失的投资价格指数。如，吴方卫（1999）将固定资产投资价格指数与生产资料出厂价格指数进行线性拟合；李治国和唐国兴（2003）将全国固定资产投资价格指数对上海市固定资产投资价格指数进行线性拟合。另一类是利用其他价格指数进行替代。如，利用资本形成总额和资本形成总额指数计算隐含的平减指数（何枫等，2003）；利用固定资本形成总额和固定资本形成总额指数计算隐含的投资平减指数（张军等，2004；单豪杰，2008；倪泽强、汪本强，2016）。叶宗裕（2010）用GDP缩减指数代替缺失的投资价格指数。宋海岩等（2003）用全国建筑材料价格指数来代替，张军和章元（2003）、薛俊波和王铮（2007）直接使用上海市固定资产投资价格指数。陈碧琼（2013）利用商品零售价格指数来代替缺失的价格指数。杨轶波（2020）采用建筑业隐含的GDP平减指数作为1980—1989年建筑安装类的投资价格指数,根据 1987 和 1990 年投入产出表估算 1980—1989 年构成设备工器具资产的各类工业产品的构成,再根据对应的出厂价格指数,按加权平均方法估算设备工具类 1980—1989 年的投资价格指数。

本章将采用统一的投资价格指数。按照《中国国内生产总值核算历史资料(1952—2004)》披露的固定资本形成名义值和固定资本形成发展速度推算出的平减指数作为 1952—2004 年投资价格指数。2005—2022 年的投资价格指数根据资本形成在 GDP 中的占比及其对经济增长的拉动进行推算。

(三) 资本折旧率的确定

固定资产折旧率的设定对资本存量估算的影响较大,不同文献的处理方法差异较大,是当前大多数资本存量估算文献着力和创新的点。不同行业固定资产的折旧率应当是不同的,不同行业的固定资产投资的构成不同,不同投资品的寿命不同。总体来讲,对折旧的估算大致可以分为四类。一是,主观设定一个资本折旧率,低的有 0% 和 5%,高的在 10% 左右(何枫等,2003;王小鲁,2000;龚六堂和谢丹阳,2004)。二是,根据投资构成、各类资产的退役条件和相对效率衰减模式估算折旧率(黄勇峰和任若恩,2002;叶宗裕,2010;张军等,2004;金戈,2016;单豪杰,2008;杨轶波,2020;倪泽强和汪本强,2016)。三是,利用投入产出表中的固定资产折旧额数据估算折旧率(薛俊波和王铮,2007;徐杰等,2010;翁宏标和王斌会,2012;雷辉和张娟,2014;沈利生、乔红芳,2015;田友春,2016)。四是,利用计量方法计算折旧率,即将总量生产函数与永续盘存法结合,建立计量回归方程,估计出折旧率和基期资本存量(贾润崧、张四灿,2014;陈昌兵,2014;陈昌兵,2020)。

本章借鉴杨轶波(2020)的处理方法,将建筑安装类、机器设备类以及其他费用类资产的服务年限分别设定为55年、16年和25年,并将残值率设定为5%。假设资产相对效率按照几何模式衰减,给定服务年限和残值率,计算出三类资产的折旧率分别为5.3%、17.07%和11.29%,以2004—2021年各行业城镇固定资产投资中建筑安装工程、设备工器具购置以及其他费用投资占比为权重,计算出各行业固定资产投资的综合折旧率(见表8-2)。

表8-2　各行业投资构成(2004—2021)和综合折旧率

	建筑安装工程	设备工器具购置	其他费用	综合折旧率
农、林、牧、渔业	69.5%	13.0%	17.5%	7.9%
采矿业	65.8%	24.6%	9.6%	8.8%
制造业	52.1%	40.3%	7.6%	10.5%
电力、热力、燃气及水的生产和供应业	55.7%	33.4%	10.9%	9.9%
建筑业	74.9%	17.1%	8.0%	7.8%
交通运输、仓储和邮政业	73.9%	11.9%	14.2%	7.5%
信息传输、软件和信息技术服务业	49.2%	44.8%	6.1%	10.9%

	建筑安装工程	设备工器具购置	其他费用	综合折旧率
批发和零售业	73.7%	14.7%	11.6%	7.7%
住宿和餐饮业	77.9%	10.7%	11.4%	7.2%
金融业	60.7%	25.2%	14.0%	9.1%
房地产业	71.6%	1.5%	26.9%	7.1%
租赁和商务服务业	72.2%	12.1%	15.8%	7.6%
科学研究和技术服务业	66.4%	21.2%	12.4%	8.5%
水利、环境和公共设施管理业	79.0%	3.8%	17.2%	6.8%
居民服务、修理和其他服务业	73.6%	15.5%	10.9%	7.8%
教育	82.9%	7.4%	9.7%	6.7%
卫生和社会工作	77.0%	18.9%	4.1%	7.8%
文化、体育和娱乐业	77.0%	10.0%	12.9%	7.2%
公共管理、社会保障和社会组织	86.3%	9.9%	3.7%	6.7%

资料来源：Wind 数据库，作者计算。

（四）分行业基期资本存量

基期资本存量的估算方法主要包括增长率法、资本产出比法和迭代法。初始资本存量对近期资本存量的影响较大，但是随着时间序列不断延长，初始资本存量的影响将越来越小。在一些分省和分行业资本存量估算中，通常会以全国层面的资本存量估算为依据，按照所选基期年份固定资产投资构成，将对应年份的资本存量进行切分，作为分省或分行业估算的基期资本存量（金戈，2012；陈碧琼，2013；倪泽强、汪本强，2016），或者是直接引用其他较为经典文献测算的某一年份资本存量作为基期资本存量。本章以 1980 年为基期，附件 8-1 估算的 1980 年全国物质资本存量（2020 年价格）为基础，按照 1980 年各行业固定资产投资在整体投资中的占比为权重进行分配，得到 1980 年分行业物质资本存量。

三、估算结果及分析

（一）估算结果

1. 房地产业、制造业和基础设施领域资本存量最大

截至 2022 年末，我国资本存量最大的行业是房地产业和制造业，资本存量规模分别为 127 万亿元和 97 万亿元；其次是水利、环境和公共设施管理业，交通运输、仓储和邮政业，资本存量规模分别为 42 万亿元和 35 万亿元；然后是电力、热力、燃气及水

的生产和供应业，农、林、牧、渔业，资本存量规模依次为 16 万亿元和 15 万亿元；其余行业资本存量规模均较小，不足 10 万亿元（图 8 - 1）。

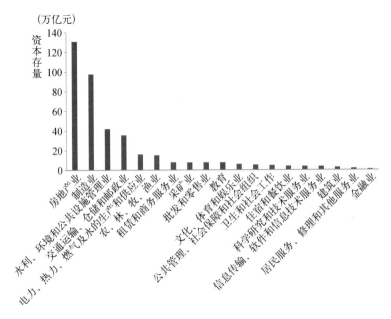

图 8 - 1　分行业资本存量估算结果（2022 年）

2. 基础设施领域和房地产业的劳均资本存量最高

根据第四次全国经济普查公报披露的分行业从业人员数据推算 2022 年分行业就业人员，进而估算出分行业劳均资本存量。结果显示，水利、环境和公共设施管理业的劳均资本存量最高，其次是房地产业，电力、热力、燃气及水的生产和供应业。交通运输、仓储和邮政业，采矿业，文化体育和娱乐业、制造业的劳均资本存量也较高。其余行业劳均资本存量则很低，对物质资本的依赖程度较低（见图8-2）。

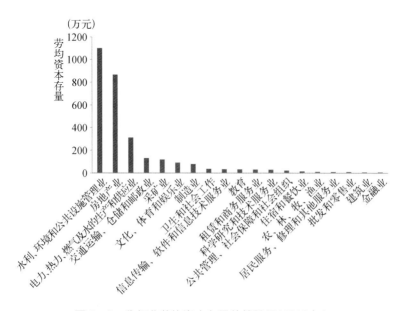

图8-2　分行业劳均资本存量估算结果（2022年）

3."十二五"以来房地产、社会民生类、高技术服务业资本存量增长加快

表8-3列出了代表性年份各行业资本存量及占比，"十二五"以来，资本存量增长较快的行业集中在房地产业，农林牧渔、水利、环境和公共设施管理、卫生等社会民生领域，以及租赁和商务服务、科学研究和技术服务等高技术服务业，这些领域2022年资本存量在整体资本存量中的占比较2010年均有所提升，与"十二五"以来这些领域投资快速增长有关。

表 8 - 3   代表性年份分行业资本存量及占比

分行业资本存量规模/占比(亿元)	1980 年	1990 年	2000 年	2010 年	2022 年
农、林、牧、渔业	2 298/3.8%	2 332/2.0%	7 513/2.0%	36 765/2.0%	148 035/3.8%
采矿业	7 887/13.1%	10 828/9.3%	18 850/5.0%	54 666/4.0%	73 800/1.9%
制造业	19 005/31.6%	36 505/31.4%	83 871/22.2%	366 975/26.5%	972 321/24.7%
电力、热力、燃气及水的生产和供应业	8 356/13.9%	12 364/10.6%	39 128/10.3%	90 865/6.6%	157 352/4.0%
建筑业	1 139/1.9%	1 728/1.5%	5 983/1.6%	15 381/1.1%	23 648/0.6%
交通运输、仓储和邮政业	2 578/4.3%	10 828/9.3%	66 152/17.5%	166 353/12.0%	351 138/8.9%
信息传输、软件和信息技术服务业	22/0.0%	58/0.0%	256/0.1%	14 267/1.0%	32 942/0.8%
批发和零售业	2 931/4.9%	4 820/4.1%	10 689/2.2%	29 897/2.8%	73 768/1.9%
住宿和餐饮业	246/0.4%	523/0.4%	1 928/0.5%	13 627/1.0%	35 951/0.9%
金融业	340/0.6%	890/0.6%	2 872/0.8%	3 019/0.2%	6 033/0.2%

续　表

分行业资本存量规模/ 占比(亿元)	1980 年	1990 年	2000 年	2010 年	2022 年
房地产业	3 077/5.1%	13 619/11.7%	67 441/17.8%	356 709/25.8%	1 302 931/33.1%
租赁和商务服务业	44/0.1%	73/0.1%	204/0.1%	9 113/0.7%	74 028/1.9%
科学研究和技术服务业	981/1.6%	1 391/1.2%	2 326/0.6%	6 665/0.5%	33 813/0.9%
水利,环境和公共设施管理业	3 645/6.1%	6 104/5.2%	26 333/7.0%	113 977/8.2%	415 176/10.6%
居民服务,修理和其他服务业	62/0.1%	160/0.1%	843/0.2%	4 810/0.3%	13 166/0.3%
教育	2 149/3.6%	4 144/3.6%	11 064/2.9%	29 469/2.1%	72 413/1.8%
卫生和社会工作	387/0.6%	1 098/0.9%	3 171/0.8%	10 365/0.7%	43 687/1.1%
文化,体育和娱乐业	2 686/4.5%	5 110/4.4%	14 030/3.7%	21 317/1.5%	55 392/1.4%
公共管理、社会保障和社会组织	2 232/3.7%	3 724/3.2%	15 456/4.1%	39 655/2.9%	49 696/1.3%

（二）增量资本产出比和投资效率分析

投资是资本积累的过程。投资在形成固定资产后，与既有的资本、劳动力等生产要素相结合，对经济体的产出能力产生影响。资本的边际产出与全要素生产率和劳均资本有关。由于边际资本产出是一个数学上的抽象概念，现实中无法测算。在实证研究中，很多文献会用增量资本产出比（Incremental Capital-Output Ratio，ICOR）进行替代。ICOR 是指一定时期内经济活动每增加一单位的产出，需要额外付出的资本量，指标越高意味着每增加一单位产出所需要的额外投入就越高，新增投资的效率就越低。由于 ICOR 的年度波动较大，而且投资发挥效用的时间具有滞后性，本章以 5 年为一个周期计算分时段的 ICOR，以此反映分行业的投资产出效率。

1. 分行业实际产出估算

《中国统计年鉴》公布了三次产业和主要行业不变价国内生产总值，其中 1980—1990 年用 1980 年不变价表示，1990—2000 年用 1990 年不变价表示，自 2000 年起，每 5 年更换一次价格基期。我们以重合年份（1990、2000、2005、2010、2015、2020）国内生产总值名义值和实际值在不同基期之间进行价格换算，将 1980—2021 年分行业国内生产总值换算成 2020 年价格表示的不变价国内生产总值。统计年鉴中披露的分行业不变价国内生产总值并不完全，只公布了工业增加值，缺少细分的三大门类数据，服务业中绝大多数门类也都归并在了其他项。根据2004—2021年分行业名义增加值，计算历年采掘业、制造业和电力、热力、燃气及水的生产和供应业在工业增加值中的占比，并以此为权重将2004—2021年不变价表示的工业增加值拆分到对应门类，同样，按照服务业中其他行业增加值在"其他"项下的占比为权重，将2004—2021年不变价表示的其他行业增加值拆分到对应门类。

2. 基础设施行业和房地产业ICOR较高

利用估算的资本存量和实际产出数据计算19大门类"2006—2010""2011—2015""2016—2021"时期的ICOR(见表8-4)。2016—2021年，ICOR位居前五位的行业依次为水利、环境和公共设施管理业，房地产业，文化、体育和娱乐业，电力、热力、燃气及水的生产和供应业，交通运输、仓储和邮政业，估算出的ICOR依次为159.1、26.8、8.7、8和6.78。制造业、农林牧渔业、租赁和商务服务业、住宿和餐饮业的ICOR处于居中位置，分别为3.53、3.62、2.55和2.38。其余行业的ICOR水平均较低，有的甚至不到1，大多数为人力资本密集型行业。金融、信息服务等人力资本密集型行业生产投入对固定资产的依赖较低。

表8-4　各行业分时期ICOR

行　业	2006—2010	2011—2015	2016—2021
农林牧渔业	1.79	2.51	3.62
采矿业	3.06	−13.17	−0.09

续　表

行　　业	2006—2010	2011—2015	2016—2021
制造业	3.47	3.71	3.52
电力、燃气及水的生产和供应业	10.10	4.37	8.02
建筑业	0.28	0.35	0.08
交通运输、仓储和邮政业	8.94	7.71	6.78
批发和零售业	0.60	1.09	0.44
住宿和餐饮业	2.48	3.92	2.38
金融业	0.01	0.09	0.03
房地产业	10.67	32.28	26.79
信息传输、计算机服务和软件业	1.82	0.67	0.53
租赁和商务服务业	1.36	1.82	2.55
科学研究、技术服务和地质勘查业	0.68	1.07	1.38
水利、环境和公共设施管理业	58.63	45.61	159.10
居民服务和其他服务业	0.69	2.14	0.54
教育	1.29	0.98	1.90
卫生、社会保障和社会福利业	1.66	0.93	2.05
文化、体育和娱乐业	2.08	5.52	8.70
公共管理和社会组织	1.24	1.18	0.13

注：由于 ICOR 的计算方式是 ICOR＝$\Delta K/\Delta Y$，因此，会出现部分时段 ICOR 为负的异常情况，这是利用 ICOR 作为衡量投资效率指标的一个缺陷。

　　不同行业的技术特征差异较大，在要素投入方面的差异也较大，所以各行业间 ICOR 的差异很大，不具有横向可比性。房地产业更为特殊，房地产业投资中很大一部分属于房地产开发投资，房地产企业开发的住宅和商业地产本质上是企业的产品，是居民部门和其他行业的固定资本形成，不属于房地产企业的资本投入。虽然，在 GDP 核算中包含了虚拟租金，但是我国对虚拟租金的估算一直较为保守。除房地产业外，ICOR 较高的行业基本上是基础设施类行业。基础设施领域 ICOR 较高，一方面与行业属性有关，另一方面也与我国在基础设施领域重建设轻运营有关。基础设施是国民经济发展的基础性行业，具有很强的外部性。大多数基础设施的投资体量大，建设周期长、回报周期更长。特别是城市公共卫生、环境保护等基础设施投入虽然会带来社会福利的提升，但是对产出增长的贡献有限，因为这些基础设施的经营性很弱。同时，我国基础设施领域普遍存在重建设轻运营的现象。运营维护经费不足导致基础设施资产使用寿命不及预期；设施功能较为单一，对基础设施资产综合利用效率不高；基础设施服务普遍停留在基本服务层面，经营性、增值性业务挖掘不够，产业化发展不足。由于缺乏统筹和差异化考核机制，很多中西部地区，经济体量较小的省份和市县也都要求县县有园区，而且可能不止一个，各地招商引资竞争加剧、效果不理想，大量的园区基础设施投入无法收回成本。投资决策不合理、投资激励扭曲导致部分行业领域存在明显的重复投资、无效投资问题，部分投资只是在当年扩内需中发挥了作用，形成的资产或被闲置或被低效使用,并未有效进入生产、服务生产。ICOR 较低的行业大多为技术密集型和人力资本密集型行业,这些行业对实物资本投入的依赖程度较低。

3. 主要领域 ICOR 分阶段变化趋势

将 19 个门类行业归并为农林牧渔业、工业、房地产业、基础设施、公共服务、高技术服务业、生活服务业、建筑和金融业八大类,考察 2006 年以来八大类行业领域 ICOR 的变化情况。农林牧渔业的 ICOR 逐渐增加,从 1.79 增加至 3.62;工业的 ICOR 在 2011—2016 年期间出现显著上升,从 2006—2010 年期间的 3.7 增长至 4.09,2016—2021 年下降至 3.3;房地产业的 ICOR 呈现出 2011—2016 年期间大幅上扬,2016—2021 年期间小幅回落的趋势;基础设施领域的 ICOR 在 2016—2021 年期间大幅增长;公共服务业的 ICOR 逐渐增加,从 1.6 增加至 3.2;生活服务业的 ICOR 在 2011—2016 年期间出现显著上升,从 2006—2010 年期间的 1.3 增长至 2.4,2016—2021 年期间下降至 0.8;高技术服务业、建筑和金融业的 ICOR 一直维持在较低水平(见图 8 - 3)。据测算,过去十余年,我国整体的 ICOR 快速上升,投资效率下降较为明显。ICOR 快速上升,一方面与劳均资本存量增加,边际资本产出下降规律有关;另一方面,与 2008 年国际金融危机后,过度依赖基础设施投资和房地产开发投资在稳定内需中的作用有关。投资结构未能根据需求结构的变化及时进行调整,创新领域、民生短板领域投入不足。

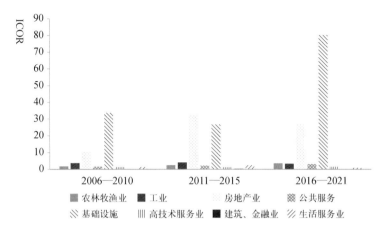

说明：公共服务包括教育业、卫生、社会保障和社会福利业、文化体育和娱乐业、公共管理和社会组织业；高技术服务业包括信息传输、计算机服务和软件业、租赁和商务服务业、科学研究、技术服务和地质勘查业；生活服务业包括批发零售业、住宿餐饮业、居民服务和其他服务业；基础设施包括交通运输、仓储和邮政业、水利、环境和公共设施勘查业。

图 8-3　主要领域增量资本产出比对标

四、结论与政策建议

　　本章在对现有投资数据进行补缺修订的基础上，采用永续盘存法对我国 1981—2022 年 19 个门类行业的物质资本量进行了估算，并计算了 2004—2021 年各行业分阶段 ICOR 变化情况。研究得出如下结论：一是，1980 年以来，我国各行业物质资本存量保持快速增长。当前，我国资本存量规模最大的行业依次是房地产业、制造业以及基础设施相关行业。房地产业和基础设施领域是劳均资本存量最高的行业。二是，不同行业之间，投资效率差异较大，房地产业和基础设施领域的 ICOR 值普遍较高。一方面与行业属性有关，另一方面也与我国在基础设施领域重建设轻运营，基础设施运营效率不高有关。三是，"十二五"以来，我国整体投资效率明显下降，与 2008 年全球金融危机后过度依赖房地产开发投资和基础设施投资在稳增长中的作用有关。

目前，我国应扩大有效益的投资，提高投资效率。一是要顺应新形势新要求，不断优化投资结构。加强以扩大消费为导向的投资，提供符合居民消费升级需求的商品服务和消费场景；增加创新领域、高技术领域投资，让固定投资成为技术进步的传输器；加大教育、医疗、养老等领域投资，更多以人的发展为导向安排投资；加大绿色低碳领域投资，发展绿色经济，促进经济绿色低碳转型。二是，优化固定资产投资区域布局，坚持"要素跟着项目走，项目跟着人流走"的原则布局基础设施和公共服务等项目，加大都市圈、城市群基础设施建设，发挥基础设施投资规模效应，提高使用效率。探索土地供应制度改革，实现房地产供求的空间匹配，加大人口净流入地区住房供给和公共服务供给。加强产业布局的全国统筹，减少产业区域布局雷同、区域内产业链"小而全""弱而全"的现象。三是要不断深化投融资体制改革，发挥政府投资撬动作用，激发民间投资活力，形成市场主导的投资内生增长机制。经济体供需平衡从"绝对短缺"到"结构性短缺"转变，寻找和挖掘新的产业,满足居民多样化的需求,更多需要让市场供求发挥作用。四是,要加大存量资产盘活力度,提高各类设施资产的使用效率。盘活既有的存量基础设施网络,提升对相关延伸产业的带动能力,培育良好的产业生态。利用好现有的资产,减少资产的闲置浪费。对长期闲置但具有较大开发利用价值的老旧厂房、文化体育场馆和闲置土地等资产,可采取资产升级改造与定位转型、加强专业化运营管理等方式,充分挖掘资产潜在价值。将盘活存量和改扩建有机结合,对存量资产进行改造升级,丰富拓展功能,更好符合当下需求。

附件 8-1: 全国固定资本存量的估算

采用永续盘存法(PIM)对全国资本存量进行估算。基本公式为:

$$K_t = I_t + (1 - \delta_t) K_{t-1}$$

基期资本存量。利用资本产出比法确定基期资本存量,按照邹至庄估计 1952 年资本存量是当年 GDP 的 2.8 倍测算基期资本存量,估算出 1952 年的资本存量为 12 062 亿元(2020 年价格)。

当期投资。早期的研究会采用物质产品平衡体系(MPS)下面的"积累"指标对资本存量进行估算。随着我国经济体制改革

的不断推进,官方统计制度也从 MPS 转向了国民账户体系
(SNA)。在 SNA 框架下,固定资本形成总额等指标逐渐取代积
累,成为主流研究使用的指标。GDP 支出法核算中的资本形成
总额与宏观经济学中的"投资"相对应,本章采用历年固定资本形
成总额表示当期投资。

投资价格指数。现有固定资产投资价格指数从 1992 年才开
始公布,此前的投资数据无法直接得到,且从 2020 年开始统计局
不再公布该数据。按照《中国国内生产总值核算历史资料
(1952—2004)》披露的固定资本形成名义值和固定资本形成发展
速度推算出的平减指数作为 1952—2004 年投资价格指数。
2005—2022 年的投资价格指数根据资本形成在 GDP 中的占比
及其对经济增长的拉动进行推算。

资本折旧率。借鉴杨轶波(2020)的处理方法,将建筑安装
类、机器设备类以及其他费用类资产的服务年限分别设定为 55
年、16 年和 25 年,并将残值率设定为 5%。假设资产相对效率按
照几何模式衰减,给定服务年限和残值率,计算出三类资产的折
旧率分别为 5.3%、17.07%和 11.29%,并以 2004—2022 年三类
构成在固定资产投资中的占比为权重,计算出总体资本折旧率为
8.5%。

全国资本存量估算结果。截至 2022 年,我国资本存量达
334.76 万亿元(2020 年价格)。20 世纪五六十年代,我国资本存
量增速的波动较大,部分年份甚至出现负增长。70 年代开始,资
本存量增速的波动减少。其中,资本存量增长最快的时期是

2003—2012 年,年均增速达 13.1%,其次是 1993—2002 年,年均增速达 11.9%。2011 年开始,我国资本存量增速出现趋势性下滑,增速从 2010 年的 14.3%下降至 2022 年的 6.2%。

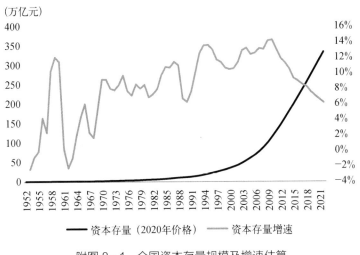

附图 8-1　全国资本存量规模及增速估算

第九章

分省区资本存量及投资效率估算：
2000—2022 年

当前，有关我国资本存量的估算主要集中在两大维度：全国或分地区总量层面的资本存量估算；分产业或分行业层面的资本存量估算。分地区资本存量估算主要集中在省际层面，比较有代表性的包括张军等（2004）、单豪杰（2008）、叶宗裕（2010）、贾润崧和张四灿（2014）、陈昌兵（2020）等，估算的时间段都相对较早。2018 年以来，国家统计局不再公布分省支出法地区生产总值构成，本章将根据历年固定资产投资增速情况，对 2018 年以来缺失的省际投资数据进行补充修订，并在此基础上估算各省最新的资本存量，同时计算分阶段增量资本产出比（Incremental Capital-Output Ratio，简称 ICOR），对各省份投资效率进行探讨。

一、分地区物质资本存量估算

本章将采用永续盘存法（PIM）对我国省际资本存量进行估算。PIM 由 Goldsmith（1951）提出，是估算资本存量的主流方法。在资本相对效率呈几何递减的假定下，永续盘存法计算资本存量的公式可简化为：

$$K_{i,t} = I_{i,t} + (1 - \delta_{i,t})K_{i,t-1}$$

其中，K 表示资本存量，I 表示新增投资，两者均为实际价值，δ 为资本折旧率，i 和 t 分别表示地区和时间。由此可知，资本存量的估算涉及四个关键变量：当期的投资额、投资价格指数、资本折旧率和基期资本存量。

(一) 当期投资额

2001—2017 年,用各省份支出法核算的固定资本形成总额表示投资流量。从 2018 年开始,国家统计局不再公布支出法核算的地区生产总值数据及构成,与固定资本形成数据相对应的固定资产投资规模也不再公布,但是公布了可比口径下的名义增速。由于固定资产投资统计的范围与固定资本形成总额的统计范围大致相同,且固定资产投资统计是支出法固定资本形成总额核算的重要依据。因此,本章将依据 2003—2022 年全国固定资本形成总额与固定资产投资名义增速数据拟合出两者之间的线性函数关系,再假设各省 2018—2022 年固定资本形成总额增速与固定资产投资增速关系与全国相同,从而计算各省固定资本形成总额名义增速,再以 2017 年各省固定资本形成总额为基础推算 2018—2022 年各省固定资本形成总额的名义值(见图 9 - 1)。

(二) 投资价格指数

2001—2019 年投资价格指数用统计局公布的各省固定资产投资价格指数表示。西藏的固定资产投资价格指数数据缺失,鉴于西藏与四川经济关系密切,本章用四川的固定资产投资价格指

数据来源：中国统计年鉴。

图 9-1 固定资本形成与全社会固定资产投资名义增速对比

数来代替。2020 年以后，统计局不再公布固定资产投资价格数据，只能寻求其他变量代替。由于固定资产投资价格指数与工业生产者出厂价格指数（PPI）走势高度一致（见图 9-2），因此，利用 PPI 年度数据对 2020—2022 年固定资产投资价格指数进行线性拟合，用拟合的数据表示各省投资价格指数。

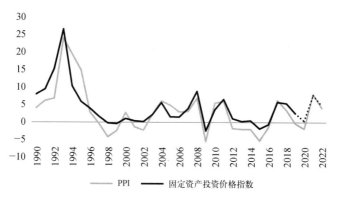

数据来源：wind 数据库。

图 9-2 全国固定资产投资价格指数和工业生产者出厂价格指数

（三）资本折旧率

资本折旧率对资本存量估计的影响较大，不同文献的处理方法略有不同。本文借鉴杨轶波（2020）的处理方法，将建筑安装类、机器设备类以及其他费用类资产的服务年限分别设定为55年、16年和25年，并将残值率设定为5%，计算出三类资产的折旧率分别为5.3%、17.07%和11.29%，以2001—2022年各省建筑安装工程、设备工器具购置以及其他费用投资在固定资产投资中的占比为权重，分别计算各省的资本折旧率，结果如表9-1。

表9-1 各省份投资构成(2001—2022)和综合折旧率

省　份	建筑安装工程	设备工器具购置	其他费用	综合折旧率
北　京	48.1%	11.4%	40.5%	9.07%
天　津	60.7%	20.3%	19.0%	8.83%
河　北	66.6%	21.4%	12.1%	8.54%
山　西	68.5%	19.4%	12.1%	8.31%
内蒙古	68.7%	21.4%	9.9%	8.41%
辽　宁	65.7%	19.7%	14.7%	8.50%
吉　林	64.7%	25.2%	10.1%	8.87%

省　份	建筑安装工程	设备工器具购置	其他费用	综合折旧率
黑龙江	68.0%	22.8%	9.2%	8.53%
上　海	54.5%	16.1%	29.5%	8.95%
江　苏	59.9%	25.6%	14.6%	9.18%
浙　江	59.1%	15.2%	25.8%	8.63%
安　徽	68.8%	19.2%	12.1%	8.28%
福　建	64.3%	16.6%	19.1%	8.39%
江　西	70.6%	18.9%	10.5%	8.16%
山　东	65.1%	23.7%	11.2%	8.76%
河　南	67.2%	22.1%	10.7%	8.54%
湖　北	66.7%	18.0%	15.3%	8.33%
湖　南	71.0%	15.3%	13.8%	7.92%
广　东	64.1%	17.2%	18.7%	8.44%
广　西	65.9%	19.4%	14.8%	8.46%
海　南	66.8%	16.0%	17.2%	8.21%
重　庆	69.9%	11.6%	18.4%	7.77%
四　川	71.3%	13.7%	14.9%	7.81%
贵　州	72.2%	11.4%	16.4%	7.63%

续　表

省　份	建筑安装工程	设备工器具购置	其他费用	综合折旧率
云　南	75.5%	9.7%	14.7%	7.33%
西　藏	88.2%	7.1%	4.7%	6.41%
陕　西	74.2%	13.6%	12.2%	7.63%
甘　肃	75.7%	14.3%	10.0%	7.59%
青　海	74.7%	16.3%	9.0%	7.76%
宁　夏	66.5%	23.0%	10.5%	8.64%
新　疆	73.4%	17.4%	9.2%	7.90%

数据来源：Wind 数据库，作者计算。

(四) 基期资本存量的确定

　　张军等(2004)对各省年度投资流量、投资价格指数、资本折旧率、基年资本存量的选择与构造以及缺失数据进行了认真的处理和研究,并根据永续盘存法估计了我国 30 个省区市(其中,四川和重庆合并)1952—2000 年的物质资本存量。本章以张军等(2004)估算的 2000 年各省资本存量(2000 年价格)为基期资本存量。其中,四川和重庆基期资本存量以 2000 年四川和重庆生产总值比重为权重进行拆分,从而完整的估算 31 个省区的资本存量。

(五) 省际资本存量估算结果

表 9 - 2 展示了估算得出的代表性年份各省资本存量。2001—2022 年,资本存量增长最快的依次是西藏、内蒙古、青海、贵州、宁夏、云南、湖北和河南。这些省份 2022 年资本存量均在 2000 年的 20 倍以上,其中,西藏、内蒙古和青海 2022 年资本存量分别是 2000 年的 32.7、26.5 和 25.2 倍。资本存量增速前十的省份均为中西部省份。资本存量增长最慢的依次是上海、北京、辽宁、黑龙江和海南,其中上海、北京和辽宁 2022 年资本存量不到 2000 年的 10 倍,增速位居后十位的基本为东部和东北地区省份。按照常住人口估算,人均资本存量最高的依次是天津、青海、上海、北京和内蒙古,其中天津达到 47.33 万元,遥遥领先于其他省份;最低的依次是甘肃、重庆、江西、安徽和贵州,其中甘肃省不足 9.8 万元。

表 9-2　各省代表性年份资本存量(2000 年价格)

省份	2000年	2005年	2010年	2015年	2020年	2022年	2022/2000	人均资本(万元)
北京	7 041	14 230	24 411	39 554	56 867	61 886	8.8	28.3
天津	3 846	7 434	19 093	44 014	59 841	64 506	16.8	47.3
河北	9 486	17 748	39 306	75 180	107 931	118 924	12.5	16.0
山西	3 205	7 036	17 608	35 320	43 387	46 524	14.5	13.4

续　表

省份	2000年	2005年	2010年	2015年	2020年	2022年	2022/2000	人均资本(万元)
内蒙古	2 461	7 358	24 777	54 672	62 992	65 304	26.5	27.2
辽宁	7 597	15 112	37 233	68 785	73 690	75 387	9.9	18.0
吉林	3 372	6 730	22 778	44 987	58 190	61 928	18.4	26.4
黑龙江	5 755	9 231	18 962	37 802	52 725	57 790	10.0	18.6
上海	10 809	18 127	31 091	44 058	64 289	71 809	6.6	29.0
江苏	15 642	32 145	67 194	119 053	174 326	192 693	12.3	22.6
浙江	10 798	25 004	48 029	79 777	119 515	135 845	12.6	20.7
安徽	5 391	9 717	20 858	42 100	68 528	79 126	14.7	12.9
福建	6 281	11 782	27 674	56 683	95 159	108 890	17.3	26.0
江西	3 281	7 463	16 948	30 555	49 076	56 823	17.3	12.5
山东	14 694	32 101	71 781	131 502	180 101	194 568	13.2	19.1
河南	8 625	16 827	46 990	101 735	156 750	175 876	20.4	17.8
湖北	5 185	11 787	27 004	57 715	94 140	107 441	20.7	18.4
湖南	5 722	10 875	25 689	53 423	82 512	94 291	16.5	14.3
广东	16 084	31 605	64 115	120 470	198 490	226 706	14.1	17.9
广西	3 405	6 784	20 538	46 031	61 287	66 244	19.5	13.1
海南	1 275	1 988	3 935	8 779	12 808	13 963	11.0	13.6
四川	3 210	7 317	15 749	30 978	50 707	57 493	17.9	17.9
重庆	7 044	13 832	29 991	57 091	88 533	100 263	14.2	12.0

续　表

省份	2000年	2005年	2010年	2015年	2020年	2022年	2022/2000	人均资本（万元）
贵州	2 282	4 766	9 518	22 469	43 770	50 052	21.9	13.0
云南	4 133	7 421	15 389	39 468	72 915	85 743	20.7	18.3
西藏	220	641	1 639	3 710	6 529	7 189	32.7	19.7
陕西	4 249	7 875	19 428	41 125	64 715	72 361	17.0	18.3
甘肃	1 680	3 801	7 899	16 366	22 342	24 412	14.5	9.8
青海	739	1 638	3 358	9 194	16 835	18 635	25.2	31.3
宁夏	820	1 822	4 500	10 331	16 353	17 856	21.8	24.5
新疆	3 673	6 696	12 113	27 729	45 016	51 964	14.1	20.1

注：2000 年基期资本存量引用自张军等（2004）。

二、省际投资效率估算与比较

（一）ICOR：一个衡量投资效率的简化指标

投资在形成固定资产后，将与既有的资本、劳动力等生产要素相结合，对经济体的产出能力产生影响。资本的边际产出与技术水平和人均资本存量有关。在其他条件不变的情况下，随着人

均资本存量增加,资本的边际产出会下降。技术进步有助于减缓
或逆转人均资本存量增加引起的资本边际产出下降趋势。由于
边际资本产出是一个数学上的抽象概念,现实中无法测算。在实
证研究中,很多文献会用增量资本产出比(ICOR)进行替代。
ICOR 是指一定时期内经济活动每增加一单位的产出,需要额外
付出的资本存量,指标越高意味着每增加一单位产出所需要的额
外资本投入就越高,投资的效率就越低。

$$ICOR = \frac{\Delta K}{\Delta Y}$$

　　根据历年各省 GDP 名义值和地区生产总值指数,将各省历
年 GDP 换算成 2000 年价格表示的实际值,计算各省分时期
ICOR(参见表 9 - 3)。

表 9 - 3　各省分时期 ICOR

省　份	"十五"时期	"十一五"时期	"十二五"时期	"十三五"至今
	2000—2005	2006—2010	2011—2015	2016—2022
东部地区				
北　京	2.98	2.61	3.64	3.85
天　津	2.28	3.22	4.56	4.86
河　北	2.33	3.42	4.80	4.01
上　海	2.04	2.25	2.12	3.27
江　苏	2.30	2.52	3.01	3.06

省　份	"十五"时期	"十一五"时期	"十二五"时期	"十三五"至今
	2000—2005	2006—2010	2011—2015	2016—2022
浙　江	2.74	2.72	3.34	3.57
福　建	2.19	2.85	3.69	4.46
山　东	2.45	3.03	3.70	2.76
广　东	1.67	2.07	3.14	4.16
海　南	2.21	2.66	5.36	4.30
中部地区				
山　西	2.43	4.50	6.59	2.67
安　徽	2.29	2.64	3.53	4.15
江　西	2.84	3.19	3.27	3.84
河　南	2.27	4.20	5.91	6.03
湖　北	2.97	2.94	4.23	5.35
湖　南	2.31	2.80	3.91	3.88
西部地区				
内蒙古	2.64	4.18	6.46	2.37
广　西	2.42	4.32	6.22	3.82
重　庆	3.40	2.80	3.06	4.21
四　川	2.48	2.70	3.21	3.63
贵　州	3.86	3.59	5.39	7.92
云　南	3.05	3.45	6.44	8.04

省　份	"十五"时期	"十一五"时期	"十二五"时期	"十三五"至今
	2000—2005	2006—2010	2011—2015	2016—2022
西　藏	4.52	5.94	7.42	8.03
陕　西	2.74	3.78	5.10	5.82
甘　肃	3.03	3.35	4.36	3.58
青　海	4.45	4.43	10.23	14.75
宁　夏	4.95	6.62	10.76	9.88
新　疆	3.61	3.77	6.45	8.18
东北地区				
辽　宁	2.31	3.05	4.56	1.30
吉　林	2.61	4.95	6.09	5.62
黑龙江	1.68	2.45	4.20	4.13

数据来源：作者自行测算。

(二) ICOR 与人均资本存量大致呈正相关关系

从 2022 年各省人均资本存量和 2016—2022 年这段时期的 ICOR 来看，两者大致呈正相关关系，也就是人均资本存量越高的省份，投资转化为产出的效率就越低，资本边际产出递减规律依然成立（见图 9 - 3）。边际资本产出除了与人均资本存量有关，还与以技术水平、管理水平、体制机制等为代表的全要素生产率相关。由于四大区域内部在经济发展水平和发展环境方面更为接近，从四大区域内部来观察，两者之间的正相关关系更明显（见图9-4）。

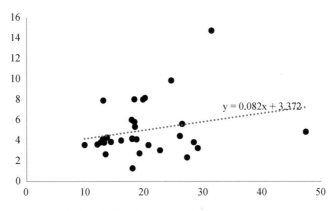

图9-3　各省人均资本存量(2022年)和ICOR(2016—2022)

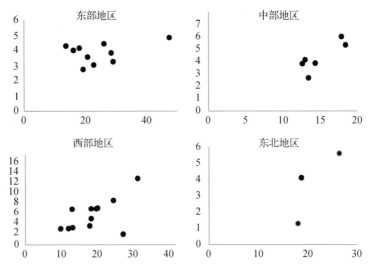

图9-4　四大区域人均资本存量(2022年)和ICOR(2016—2022)

（三）东部地区投资转化为产出的效率最高，西部地区最低

以各省各时期内历年地区生产总值在所属地区中的占比均值为权重计算东部、中部、西部和东北地区的 ICOR(参见图 9-5)。

东部地区。东部地区 ICOR 从"十五"时期的 2.3 增长至"十三五"以来的 3.6，"十二五"时期是东部地区增量资本产出比增长最快的时期，较"十一五"时期上升了 0.8。东部地区始终保持着较高的投资效率。2016—2022 年，东部地区各省 ICOR 分布在 2.7—4.9 之间，最高的是天津(4.86)，最低的是山东(2.76)。

西部地区。西部地区 ICOR 从"十五"时期的 3.0 增长至"十三五"以来的 5.3，始终是四大区域中最高的，即投资效率在四大区域中最低。2016—2022 年，西部地区各省 ICOR 分布较为分化，在 2.3—15 之间，最高的为青海(14.75)，最低的为内蒙古(2.37)。青海、宁夏、新疆、云南、西藏、贵州的 ICOR 超过了 7，是全国 31 个省区中最高的，投资转化为产出的效率最低。

中部地区。中部地区 ICOR 从"十五"时期的 2.5 增长至"十三五"以来的 4.6。中部地区的投资效率优于西部地区，但低于东部地区。2016—2022 年，中部地区各省 ICOR 分布在 2.6—6.1 之间，最高为河南(6.03)，最低为山西(2.67)。

东北地区。东北地区 ICOR 从"十五"时期的 2.2 增长至"十二五"时期的 4.8，"十三五"以来下降至 3.2，成为四大区域中 ICOR 最低的区域。东北地区 ICOR 明显下降与"十三五"以来

东北地区投资增速快速下滑有较大关系，特别是辽宁省。2016—2022 年，东北三省的 ICOR 分别为 1.3（辽宁）、4.13（黑龙江）和 5.62（吉林）。

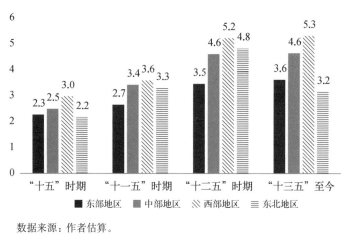

数据来源：作者估算。

图 9-5　四大区域分时期 ICOR 变化趋势

三、区域间投资效率差异的探讨

（一）东部地区更高的全要素生产率有利于减缓资本边际报酬递减规律的影响

总体来讲，投资边际报酬递减的规律依然成立。人均资本存量越高的省份，ICOR 就越高，即投资转化为产出的效率就越低，该现象在区域内部更明显。分区域来看，东部地区的人均资本存量要高于中西部地区，ICOR 却要低于中西部地区，投资效率更高。这主要是因为东部地区的全要素生产率更高，具体表现为东部地区的技术水平更高，现代企业制度更加完善，营商环境和政府服务水平更好，劳动力技能水平更高，这些因素都有利于全要素生产率的提升，从而减缓甚至抵消人均资本存量增加对边际资本产出的不利影响。

（二）我国特有的政治经济体制使得很多欠发达地区投资建设水平长期超出其经济发展水平

我国很多省份资本形成在地区生产总值中的占比都很高，有的甚至超过 100％。绝大多数中西部省份最终消费支出和资本形成总额的规模之和大大超过其地区生产总值，也就是说存在很大的货物和服务"贸易逆差"，资本整体从发达地区流向欠发达地区。以 2017 年各省支出法地区生产总值核算为例，货物和服务净流出为正的省份包括浙江、江苏、广东、上海、福建、山东和北京，均为东部地区发达省份。其余省份货物和服务净流出均为负，其中青海、西藏、宁夏、新疆、云南的货物和服务"贸易逆差"占 GDP 的比重超过了 50％。很多西部地区投资建设水平远远超出其经济发展水平，一定程度上存在过度投资问题。中西部地区投资建设水平长期超出其经济发展水平，使得投资转化为产出的滞后期限拉长了。

一方面，我国中央政府在资源配置中发挥着十分重要的作用。1994 年分税制改革后，中央政府财政收入在全国财政收入中的比重显著增加，从 1993 年的 22％跃升至 1994 年的 55.7％，2001—2010 年，中央财政收入占比大致维持在 51％—55％之间，2011 年以来有所下降，大致保持在 46％左右。中央政府通过转移支付的方式支持欠发达地区基础设施和公共服务支出，促进区域经济协调发展和基本公共服务均等化。另一方面，尽管中央政府一再重申"自家的孩子自家抱"，但在现行体制下，市场对中央政府兜底仍有强烈预期，因此，地方政府可以通过政府融资平台从金融市场借入大量资金支持本地区投资建设。地方竞争以及以经济增长为主要指标的官员考核机制使得地方政府具有强烈的举债进行投资的冲动，很多省份长期的货物和服务"贸易逆差"已经造成大量的"对外净负债"，债务规模远超该地区的偿付能力，形成极高的债务风险。

(三) 中西部地区部分投资存在明显的效益外溢效应

中央政府投资主要聚焦于跨区域的重大工程，重点服务于全国统一大市场建设、社会公平和国家安全。这些由中央政府投资的项目按照属地原则统计到了地方，但实际上服务的是国家发展大局，并非完全为当地经济发展服务。近年来，中西部地区布局了很多国家重大战略项目，诸如能源基地建设、数据中心和算力中心建设、生态环境治理等，这些投资的效益存在明显的外溢效应，并非完全由本地获得，这也在一定程度上拉低了中西部欠发达地区的投资效率。

四、结论及启示

本章估算了 2001—2022 年 31 个省份的资本存量，结果显示，2000 年以来，我国中西部省份资本存量快速增长，东部和东北地区增长则相对较缓。从分阶段投资效率来看，人均资本存量越高的省份，ICOR 就越高，该现象在区域内部更明显，这说明资本边际报酬递减规律在省际间依然成立。分区域来看，东部地区的人均资本存量要高于中西部地区，ICOR 却低于中西部地区，这得益于东部地区更高的全要素生产率水平。当前，很多西部地区投资建设水平远远超出其经济发展水平，一定程度上存在过度投资问题。中央政府为了区域均衡和国家安全而进行的投资，以及现行体制下隐含的中央对地方政府债务的隐性担保，是欠发达地区投资建设水平能长期超过其经济发展阶段的原因。

需要客观看待省际投资效率的差异情况，同时也要通过各种方式提高各地，特别是中西部地区的投资效率。建议优化固定资产投资区域布局，坚持"要素跟着项目走，项目跟着人流走"的原则布局基础设施和公共服务等项目，加大都市圈、城市群基础设施建设,发挥基础设施规模效应,提高使用效率。探索土地供应制度改革,实现房地产供求的空间匹配,加大人口净流入地区住房供给和公共服务供给。加强产业布局的全国统筹,减少产业区域布局雷同、区域内产业链"小而全""弱而全"的现象。规范地方政府举债行为,强化城投公司融资约束。严格政府投资管理,强化地方政府决策主体约束。

第十章

美国固定资产投资：

结构演变与启示

从美国固定资产投资结构变动趋势来看，技术进步在投资构成变化中发挥重要作用。伴随技术进步和产业结构升级，知识产权产品投资、高技术产业投资在投资中的重要性越来越高。居民消费升级和人口老龄化带动教育医疗等领域投资加快增长。新发展阶段，要促进投资增长转型，提升投资效率，继续增强投资对优化供给结构的关键作用。

一、私人投资与政府投资

1960—2020 年，美国资本形成在 GDP 中的占比（投资率）基本维持在 20％—25％区间。2009—2011 年受金融危机影响，曾短暂下跌至 20％以下。按照不同的投资主体，固定资产投资可以区分为私人投资和政府投资。总体来讲，1951—2020 年，私人投资在美国整体固定资产投资中的比重呈现波动上升并逐渐稳定的趋势。20 世纪 50、60 年代是美国私人投资占比的低位时期，占比在 70％左右。20 世纪 70 年代，欧美国家兴起大规模的私有化浪潮，私人投资在整体投资中的占比显著上升。1971—1980 年、1981—1990 年、1991—2000 年，美国私人投资占比均值分别为 78.7％、78.4％和 80.5％。2001—2020 年，除受次贷危机影响，私人投资占比一度下滑至 80％以下（2009—2011 年）外，其余年份都在 80％以上。疫情前夕，私人投资占比大致维持在

83%左右(见图 10 - 1)。从政府投资和私人投资占比的短期波动以及与经济增长的关系来看,政府投资在美国稳增长的过程中依然发挥着重要作用。1990—1991 经济衰退时期、2001—2003互联网泡沫时期、2007—2011 次贷危机爆发并蔓延时期,居民消费疲软,企业信心不足,私人投资下降明显,政府投资稳定增长能在一定程度上缓解需求不足的问题。

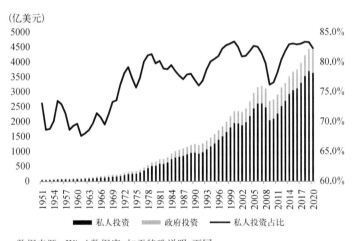

数据来源：Wind 数据库,如无特殊说明,下同。

图 10 - 1　美国私人投资与政府投资

二、美国私人固定资产投资构成

按照构成分,美国固定资产投资可以分为建筑物投资、设备投资、知识产权产品投资，其中建筑物投资又可以分为住宅投资和非住宅建筑物投资（见图10-2）。

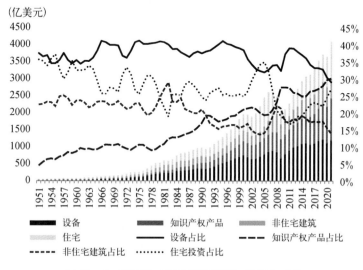

图10-2　美国私人固定资产投资：按照构成分

（一）设备投资在私人投资中的占比最高

总体来讲，设备投资在美国私人投资中的占比最高。20世纪50年代到60年代初，大致保持在35%左右；20世纪60年代至2000年之前，大致保持在40%上下；新世纪以来，占比整体呈下降趋势，2005年下降至31.8%，较2000年下降6.5个百分点，2011—2012年恢复至接近39%的水平后再次下降，2020年已经下降至30.4%。美国固定资产投资统计中设备投资包括信息处理设备和软件、工业设备、运输设备和其他设备①四大类。20 世纪 90 年代以前，信息处理设备和软件投资快速增长，在设备投资中的占比持续增加，并成为设备投资中规模最大的投资（见图 10‑3）。2011—2021 年，四大类投资在设备投资中的占比依次为 33.4％、20.9％、22.6％和 23.1％。

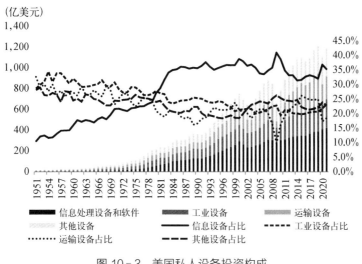

图 10‑3　美国私人设备投资构成

（二）知识产权产品投资占比持续增长

伴随经济发展，产业结构转型，经济发展从要素驱动向创新驱动发展，更加依赖技术进步等引致的全要素生产率提升。以研

---

① 主要是家具配件和设备、农用机械、建筑使用机械、采矿和油田机械、服务行业机械和电器设备等。

发为代表的知识产权产品投资持续快速增长,在私人投资中的占比不断增长。1951—2021 年,美国知识产权产品投资占比从4.5％增长至30.1％。2021 年,知识产权产品投资在私人投资中的占比超过设备投资,成为最大种类的投资。知识产权产品投资可以分为软件投资、研发投资,娱乐、文学和艺术原件投资(见图10-4)。其中,软件投资从 20 世纪 60 年代才开始出现并迅速增长,在知识产权产品投资中的占比逐渐上升至当前 40％左右的水平,并保持稳定。研发投资一直在知识产权产品投资中占据主导,2011—2021 年保持在接近 50％的水平,企业在私人研发投入中的占比超过 93％。虽然制造业在研发投资中的占比逐渐下降,但仍占据主导,2021 年占比仍然达到 57.8％,其中,主要集中在医药制造、半导体和其他电子元件制造、其他计算机和电子产

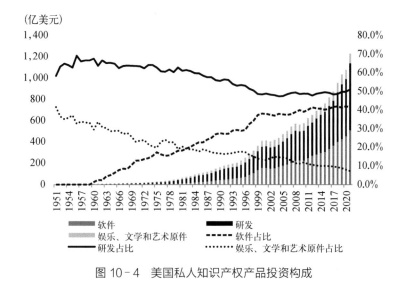

图 10-4　美国私人知识产权产品投资构成

品制造领域。受软件投资快速上升挤压，娱乐、文学和艺术原件投资占比已经从早期的 30％以上下降至当前不足 10％的水平。

（三）住宅投资与房地产周期相伴随

1951—2000 年，住宅投资比重整体呈波动下降趋势，占比均值从 20 世纪 50 年代的 34％下降至 20 世纪 80、90 年代的 25％。新世纪开始，受宽松货币政策和以资产证券化为代表的影子银行推动，美国房地产市场进入繁荣发展期，住宅投资大幅增长，占私人投资的比重不断上升，从 2000 年的 24.7％跃升至 2005 年的 34.9％。2007 年，次贷危机爆发，住宅投资大幅下滑，占比大幅跳水，2011 年下滑至 16.6％，较 2005 年峰值下降了 18.3 个百分点。2012 年起，美国住宅投资企稳，在私人投资中的占比开始回升，特别是 2020 年、2021 年上升幅度较快，2021 年已经上升至 27％。

（四）非住宅建筑物投资占比不到 20％

1990 年之前，非住宅建筑物投资在私人投资中的占比一直保持在 20％以上。20 世纪 90 年代以来，非住宅建筑物投资在私人投资中的占比逐渐下降，2004 年下降至 13.6％的低点，在 2005—2009 年出现短暂快速回升后，又开始下降，2021 年已经从 2009 年的 21.3％下降至 13.9％。非住宅建筑物投资主要集中在商业和医疗保健、工业、能源和通信、采矿勘察设施等领域。

三、美国私人固定资产投资行业分布

　　按照行业来看，2011—2020 年，美国私人固定资产投资占比前三大行业是房地产及租赁业、制造业和信息产业，占比分别为 25.6％、15.7％和 11.1％，其次是金融保险、批发零售、采矿业，占比都在 5％以上（见图 10‑5）。

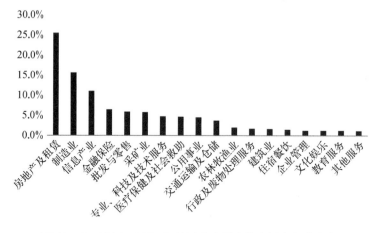

图 10‑5　2011—2020 年美国私人固定资产投资行业分布

（一）制造业投资占比呈先升后降趋势

　　1951—2021 年，美国制造业投资从 87 亿美元增长至6 023

美元。制造业投资在私人投资中的占比呈先上升后下降的趋势。
1951—1960 年、1961—1970 年，制造业投资占比均值分别为
17.4％和 20.1％。从 20 世纪 70 年代开始，制造业投资占比开始
下降，2001—2010、2011—2020 年制造业投资占比均值下降至
15.3％和 15.7％（见表 10 - 1）。这与经济结构从制造业向服务业
转型和制造业向海外转移有关。美国制造业增加值在 GDP 中的
占比从 20 世纪 50、60 年代 25％以上的水平逐渐下降，已经下降
至当前不足 11％的水平。从具体行业来看，计算机和电子产品、
化学品制造两大行业投资在制造业投资中的占比逐渐上升，成为
美国制造业中投资规模最大的两个行业。其中，计算机和电子产
品制造业投资占比从 1951—1960 年的 7.1％增加至 2001—2010
年的 23.6％，2011—2020 年略微下降至 22.3％；化学品制造业投
资占比从 1951—1960 年的 12.3％上升至 2011—2020 年的
24.7％。与此同时，非金属制造业、金属制品加工等重化工行业
以及纺织服装等劳动密集型行业投资在制造业投资中的投资占
比明显下降（见表 10 - 2）。

（二）现代服务业投资快速增长

以信息传输、专业服务和金融服务为代表的现代服务业投资
快速增长，在私人投资中的占比明显增加。例如，信息产业投资
占比均值从 1951—1960 年的 5.8％上升至 2011—2020 年的
11.1％。其中，增长最快的是信息和数据处理服务，2020 年，信息

和数据处理服务领域投资已经超过广播和电信成为信息产业中投资占比最大的行业。金融保险业投资占比均值从 1951—1960 年的 1.4％增加至 1991—2000 年的 6.8％,此后有所下降,但依然在 6％以上。专业、科技和技术服务业投资占比均值从 1951—1960 年的 0.9％提升至 2011—2020 年的 4.8％,其中,占比最大、增长最快的是专业、科学和技术杂项服务,其次是计算机系统设计及相关服务。

(三) 生活服务业投资明显增加

伴随着居民消费升级以及人口老龄化,批发零售、医疗保健等民生领域私人固定资产投资也快速增加。1951—1960 年,美国批发零售业投资占比均值为 3.6％,1991—2000 年上升至 6.7％的均值水平,上升了 3.1 个百分点,此后虽略有下降,但一直保持在 6％左右的高位。医疗保健及社会救助行业投资占比从 1951—1960 年的 1.9％上升至 2011—2020 年的 4.7％,上升了 2.8 个百分点。

(四) 公用事业、交通运输等基础设施建设投资占比先降后升

公用事业投资占比均值从 1951—1960 年的 6.6％下降至 1991—2000 年的 3.6％,2001—2010 年、2011—2020 年占比均值回升至 3.7％和 4.5％。交通运输及仓储业投资占比均值从

1951—1960 年的 6.0％下降至 2001—2010 年的 2.9％,2011—2020 年回升至 3.7％(见表 10‑1,表 10‑2)。

表 10‑1 美国私人固定资产投资行业构成分布

行 业	1951—1960	1961—1970	1971—1980	1981—1990	1991—2000	2001—2010	2011—2020
农林牧渔业	5.0％	4.3％	4.3％	2.0％	1.6％	1.6％	2.0％
采矿业	5.3％	4.1％	4.8％	5.7％	2.6％	4.2％	5.8％
公用事业	6.6％	5.4％	5.5％	5.1％	3.6％	3.7％	4.5％
建筑业	1.9％	2.0％	1.9％	1.0％	1.5％	1.6％	1.7％
制造业	17.4％	20.1％	19.3％	18.0％	18.6％	15.3％	15.7％
批发与零售	3.6％	4.9％	5.5％	6.8％	6.7％	6.2％	5.9％
交通运输及仓储	6.0％	5.1％	4.7％	3.3％	3.8％	2.9％	3.7％
信息产业	5.8％	7.6％	7.5％	8.3％	9.8％	9.7％	11.1％
金融保险	1.4％	1.9％	3.2％	6.1％	6.8％	6.2％	6.5％
房地产及租赁	36.9％	32.8％	32.3％	30.3％	30.2％	31.6％	25.5％
专业、科技及技术服务	0.9％	1.1％	1.2％	2.2％	3.4％	4.7％	4.8％
企业管理	0.8％	1.0％	1.3％	1.9％	1.3％	1.0％	1.3％
行政及废物处理服务	0.4％	0.4％	0.6％	1.0％	1.1％	1.4％	1.8％

行　业	1951—1960	1961—1970	1971—1980	1981—1990	1991—2000	2001—2010	2011—2020
教育服务	0.9%	0.9%	0.6%	0.6%	0.9%	1.3%	1.2%
医疗保健及社会救助	1.9%	2.9%	3.1%	3.7%	4.0%	4.5%	4.7%
文化娱乐	1.1%	1.2%	0.9%	0.8%	1.1%	1.2%	1.3%
住宿餐饮	2.0%	2.3%	1.7%	1.9%	1.7%	1.6%	1.5%
其他服务	2.3%	2.2%	1.6%	1.3%	1.3%	1.5%	1.2%

表 10-2　美国制造业投资行业分布

行　业	1951—1960	1961—1970	1971—1980	1981—1990	1991—2000	2001—2010	2011—2020
木制品	2.1%	1.9%	2.2%	1.3%	1.1%	0.9%	0.8%
非金属矿物制品	4.7%	3.8%	3.6%	2.8%	2.3%	2.3%	1.9%
初级金属制品	12.1%	9.3%	7.2%	4.4%	3.1%	2.5%	2.6%
金属加工制品	5.5%	5.1%	5.2%	4.6%	4.1%	3.7%	3.8%
机械设备	6.2%	5.7%	6.7%	6.9%	6.9%	5.1%	5.3%
计算机和电子产品	7.1%	11.4%	13.1%	16.3%	20.8%	23.6%	22.3%

行　业	1951 — 1960	1961 — 1970	1971 — 1980	1981 — 1990	1991 — 2000	2001 — 2010	2011 — 2020
电器设备及部件	4.1%	4.0%	3.7%	3.4%	2.4%	1.8%	1.8%
汽车制造	10.2%	9.4%	9.4%	9.1%	10.6%	9.5%	9.4%
其他运输设备	4.3%	5.8%	4.8%	7.9%	5.8%	5.8%	5.7%
家具及相关产品	0.5%	0.6%	0.6%	0.6%	0.7%	0.6%	0.5%
杂项制品	3.3%	3.0%	3.0%	3.3%	2.7%	3.0%	2.8%
食品、饮料及烟草制品	8.0%	7.6%	7.8%	7.8%	6.6%	6.4%	6.5%
纺织厂和纺织产品厂	2.5%	2.6%	2.3%	1.7%	1.4%	0.6%	0.4%
服装、皮革及相关产品	0.7%	0.8%	0.9%	0.6%	0.6%	0.3%	0.2%
纸制品	5.1%	5.1%	5.0%	5.2%	4.0%	2.4%	2.3%
印刷及相关支持活动	1.8%	1.8%	1.7%	2.1%	1.7%	1.4%	0.8%
石油和煤炭产品	7.5%	5.3%	5.5%	5.3%	4.0%	5.2%	5.2%
化工产品	12.3%	13.9%	14.1%	13.8%	17.8%	22.2%	24.7%
塑料和橡胶产品	2.5%	3.2%	3.4%	3.0%	3.4%	2.8%	2.7%

四、美国政府固定资产投资构成

　　目前,政府投资在美国固定资产投资中的占比不到 20％。
2011—2020 年,联邦政府、州和地方政府投资在政府投资中的占
比为 43.7％和 56.3％。如表 10‑3 所示,联邦政府投资主要以国
防投资为主,2011—2020 年,国防投资在联邦政府投资中的占比
均值为 54.1％。非国防投资中,知识产权产品投资占比达 75％,
建安投资占比约为 10％,主要投资于环保、能源、道路和医疗保
健等基础设施和公共服务。州和地方政府投资以建安投资为主,
占比接近 80％,绝大部分投资于交通、能源、供排水和环保等基
础设施以及教育等公共服务。

表 10‑3　美国政府固定资产投资构成(2011—2020 年)

政府投资/整体投资		17.8	
联邦政府		州和地方政府	
联邦投资/政府投资	43.7％	州和地方政府投资/政府投资	56.3％
国防投资/联邦投资	54.1％		
国防：设备	52.6％		

续　表

联邦政府			州和地方政府	
国防：建设	4.5%			
国防：知识产权产品	42.8%			
非国防投资/联邦投资	45.9%			
非国防：设备	14.3%	设备	11.6%
非国防：建设	10.4%	建设	78.7%
非国防：建设：办公	8.5%	建设：住宅	2.0%
非国防：建设：商业	3.8%	建设：办公	8.2%
非国防：建设：医疗保健	17.2%	建设：商业	0.1%
非国防：建设：教育	2.7%	建设：医疗保健	2.3%
非国防：建设：公共安全	7.4%	建设：教育	26.5%
非国防：建设：娱乐休闲	2.4%	建设：公共安全	1.5%
非国防：建设：运输	2.3%	建设：娱乐休闲	2.6%
非国防：建设：能源	7.3%	建设：运输	9.7%
非国防：建设：公路和街道	4.6%	建设：能源	3.2%
非国防：建设：环保和发展	35.5%	建设：公路和街道	30.8%

联邦政府		州和地方政府	
非国防：建设：其他建设	7.9%	建设：下水道系统建设	6.5%
		建设：自来水供应设施	5.2%
		建设：环保和发展	1.3%
		建设：其他建设	0.3%
非国防：知识产权产品	75.3%	知识产权产品	9.6%

从联邦政府、州和地方政府建筑类固定资产投资构成来看，美国基础设施和公共服务投资主要由州和地方政府承担。2001—2020年，州和地方政府承担了政府74.1%的医疗投资、99.5%的教育投资、78.8%的公共安全投资、98.9%的运输投资、90.9%的能源投资、99.3%的公路及街道投资、全部的供排水投资。在美国，一般来说，联邦政府负责新投资，州和地方政府负责基础设施运营和维护（余永定，2016）。以2014年为例，美国基础设施实物投资支出中，联邦政府支出占比为38%，运营和维护支出中，联邦政府占比仅为12%。2014年，71%的联邦政府投资支出用于新增实物投资，29%用于运营维护；35%的州和地方政府投资支出用于新增实物投资，65%用于运营和维护（CBO，2015）。联邦政府主要通过向州和地方政府拨款、向州和地方政府提供贷款支持、向市政债券投资者提供税收优惠等方式支持基础设施建设（ERP，2018）。

五、启示及政策建议

（一）技术进步在投资结构变化中发挥重要作用

在现代社会的经济增长过程中，资本积累与技术进步是相互融合的，存在着不可分割的联系（赵志耘等，2009）。技术进步的成果必须物化在新增投资中，才能发挥作用。每一轮技术革命和产业革命都会伴随投资大规模增长和投资结构的显著变化，投资尤其设备投资是技术变革奏效的传输器。技术进步大大地改善了资本的质量，显著提升了资本生产效率，更少比例的投资就能实现供给和需求的动态平衡、良性互促。以美国为例，伴随新一代信息技术的出现和发展，信息处理设备和软件投资在设备投资中的占比、软件投资在知识产权产品投资中的占比、信息和数据处理服务业投资在信息产业投资中的占比、计算机和电子产品制造业投资在制造业投资中的占比均出现了快速提升。

2022 年，中国全社会研发投入占 GDP 比重为 2.54％，与2015 年相比上升了 0.47 个百分点，与 2010 年相比上升了 0.81 个百分点，其中，基础研究、应用研究和试验发展经费所占比重分别为 6.57％、11.3％、82.1％。但是与全球主要发达经济体相比，

2020 年，中国研发投入强度要明显低于韩国、日本、德国和美国，高于法国和英国，也就是说与主要发达国家相比，中国的研发投入强度仍旧较低。中国基础研究投入占全部研发经费的比例不到 7%，低于美国的 15%、日本的 12.3% 和韩国的 14.4%（张陆洋、汪伟文和赵毅，2023）。科学技术是第一生产力，增强投资对优化供给结构的关键作用，需要持续改善全社会创新环境，激发全社会创新活力。中央政府要加大基础研发和重大公共科技创新平台的投入力度，地方政府要在共性技术研发、技术创新服务平台建设上加大投入，为企业发展壮大提供技术支撑或信息服务，减少技术提供者与使用者之间的信息不对称。加大知识产权保护力度，降低被侵权企业的维权成本，加大对侵权企业的惩罚力度，保护企业研发投入的成果及收益，提高企业加大研发投入的积极性。

（二）需要进一步拓宽民间投资空间领域

与美国相比，中国民间投资在固定资产投资中的占比明显偏低。2022 年，民间投资在整体投资中的占比为 54.2%。在美国，大部分公用事业、交通运输等基础设施以及医疗卫生等公共服务均由私人部门投资建设，而中国民间投资在基础设施和公共服务投资中的占比一直较低。以 2017 年为例，中国民间投资在电力、热力、燃气及水的生产和供应业投资中占比为 38.2%，在交通运输、仓储和邮政业中占比为 20.3%，在水利、环境和公共设施管理业中的占比为 22.6％,在教育领域的占比为 24.9％。①

　　民营经济是实现中国式现代化进程中不可或缺的重要力量,对新技术、新产业、新业态高度敏感,是创新创业的重要主体。中国需要加快建立更加公平开放的投资准入机制,一方面可以拓宽民间投资空间,另一方面可减轻政府基础设施投资和公共服务供给的财政负担。应全面推进市场准入负面清单制度,坚持非禁即入;减少行政审批、打破行业垄断、引入竞争机制、实行宽进严管;加大优质基础设施和公共服务项目对民间资本的推介力度;进一步放开民营机场、基础电信运营、油气勘探开发等领域,消除基础设施和公共服务领域的市场壁垒,在医疗、养老、教育等民生领域出台更有效的举措,使得民间投资能够公平参与。

(三) 重视知识产权产品投资

　　随着经济发展和技术进步,科技创新在经济增长中的作用越来越大,专利权、技术秘密、特许经营权等无形资产在资本形成中的重要性日益凸显。当前,美国知识产权产品投资已经超过设备投资成为私人投资中规模最大的投资。美国联邦政府超过 40％的国防投资和 75％的非国防投资是知识产权产品投资。而且,美国知识产权产品投资统计的内涵十分丰富,不仅包括软件投资

---

① 国家统计局从 2018 年开始不再公布固定资产投资和民间投资分行业规模数,故可公开获得的最新数据截止到 2017 年。

和研发投资，还包括戏剧电影、长寿的电视剧、书籍、音乐等娱乐、文学和艺术品原件投资。

中国固定资产投资主要服务于建设项目管理需要，统计口径包括 500 万元及以上建设项目投资、房地产开发投资和农村住户固定资产投资三部分（许宪春，2013），能纳入统计的知识产权产品投资十分有限。当前，中国固定资产投资按照构成可分为建筑工程、安装工程、设备工器具购置和其他费用，其中，其他费用指的是固定资产建造和购买过程中发生的除上述构成部分以外的应分摊计入固定资产投资的费用，包括土地购置费和旧建筑物购置费。随着经济增长和信息技术发展，研发和软件等知识产权产品投资在固定投资的重要性不断上升，固定资产投资统计制度也应该适时调整，将知识产权产品投资纳入统计并对外公布，更加全面客观反映我国固定资产投资的情况。

(四) 亟需促进设备投资加快增长

据推算，2021 年中国设备工器具投资占比大约在 15% 左右，与美国相比，差距较大。中国设备投资占比偏低主要源于农业和服务业设备投资占比过低。2011—2020 年，中国设备工器具投资中超过 60% 属于制造业投资，设备投资在制造业投资中的占比均值接近 40%。将中国各大类行业 2011—2020 年设备投资占比与美国同期进行大致对比，结果发现，中国仅采矿业、制造业、信息业的设备投资占比高于美国，农业、建筑业、交通运输、批发零售、住宿餐饮、金融、卫生、文化娱乐等行业的设备投资占比则显著低于美国，特别是农业、建筑业和交通运输业的占比差距最大。设备工器具是经济社会发展的关键要素，与产品和服务的生产直接关联，是先进技术推广应用的重要载体。设备投资占比过低不利于制造业需求增加和基础设施、房屋等建筑工程投资效益充分发挥，也不利于中国产业结构转型升级和劳动生产率提升。建议通过推动企业智能化绿色化数字化转型，提升设备投资的金融服务效力，优化企业设备投资财税支持政策，促进设备投资快速增长。

（五）促进社会民生领域投资持续快速增长

总体来讲，随着收入增加，居民对一般消费品的需求减少，对个性化的高端制造品和优质服务的需求增加；伴随人口老龄化，对医疗和养老的需求将持续增加，为了应对人口老龄化而采取的生育鼓励政策需要加大婴幼儿托育、学前教育和义务教育等领域的供给；从释放"人口红利"的角度来讲，在劳动力供给数量下降的情况下，只能通过提高劳动力质量来实现，即通过提高劳动力身体素质延长有效工作年限，提升劳动力知识技能水平提升劳动生产率。因此，加大教育、医疗保健等社会民生领域投资十分必要。虽然，"十二五"后半期开始，中国教育和医疗等民生领域投资加快，增速持续高于整体固定资产投资，在投资中的比重逐渐提升。但是，供给增长依然较为滞后，短板仍旧突出。建议政府投资继续向教育医疗卫生等社会民生领域倾斜，同时通过政府与社会资本合作、税收优惠、放宽准入等方式引导社会资本积极参与，不断提升公共服务供给水平和质量。

第十一章

美国市政债券发展实践：

现状、特征及启示

市政债券（municipal bonds）是指由州（省）、市、县或其他政府实体发行的，为其资本项目或日常开支融资的债券。市政债是很多国家和地区地方政府融资的重要工具，在促进地方基础设施建设、教育医疗等公共服务发展方面发挥着重要的作用。美国是世界上市政债券规模最大的国家。市政债券是美国州和地方政府最重要的融资工具，占美国州和地方政府负债的比重一直维持在 50% 以上[①]。本章将分析美国市政债券发展的现状、特征以及对我国地方政府债务融资的启示。

一、美国市政债券市场发展现状

（一）余额与发行规模变化

美国市政债券的发展远早于公司债。1812 年，纽约州为修建伊利运河发行了美国历史上最早的市政债，随后其他州也开始尝试发行市政债，为城市基础设施建设及公共教育支出融资。二战结束后，随着人口增长及城镇化进程加快，美国市政债市场快速发展，规模显著增加，债券种类与发债目的也更加多元化。截

---

① 美国州和地方政府负债主要包括：市政债、应付账款、养老金偿付和贷款。截至 2015 年第二季度，以上四项负债占比分别为 56.5%、16.1%、27.1% 和 0.3%，其中，贷款占比很少。

至 2015 年第二季度,美国市政债券未偿付余额为 3.7 万亿美元,占美国未偿付债券余额的比重为 9.4％,仅次于国债、住房抵押贷款支持证券(Mortgage-backed Securities,MBS)和企业债,是美国第四大债券品种。

自 2001 年起,美国市政债券年发行规模显著增加,在 2 800亿美元至 4 300 亿美元之间波动,年均发行规模达 3 700 亿美元。美国市政债券以长期债券为主,期限结构较长,典型的有 10 年、20 年和 30 年。2008 年以前,市政债券年均发行期限维持在 20年左右;金融危机后有所缩短,年均发行期限缩短至 16 年左右。另外,每年发行的市政债券大部分以固定利率为主,80％以上含有可赎回条款(见图 11 - 1)。

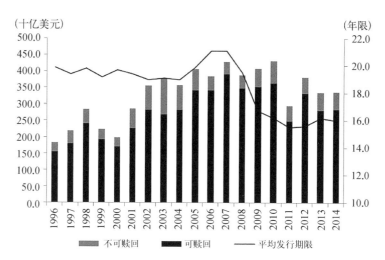

数据来源：美国证券业与金融市场协会（SIFMA）。

图 11 - 1　美国市政债券年发行规模及平均发行期限(1996—2014)

(二) 市政债券发行主体

美国市政债券的发行人主要包括两类：第一类是州、郡、市 (镇/乡)和因提供特别的公共物品而划分的行政区域(special districts)，例如学区和消防区域；第二类为非营利组织和非金融 企业法人，地方政府有时会以市政债的名义为第三方的私人项 目进行筹资，这类私人项目通常提供一些具有公共物品外部性 或福利、保障民生的产品，旨在通过市政债券享有的税收优惠 降低融资成本，鼓励民资进入，例如部分医院疗养院、大学、发 电站、再回收利用设施、多家庭住宅项目、体育场等，实际偿还 责任在第三方，政府作为代理发行人不负有连带的偿债责任。 美联储数据显示，2015 年美国 3.7 万亿美元存量市政债券中 有 2.96 万亿美元由州和地方政府发行，0.22 万亿美元由非营 利组织发行，0.54 万亿美元由非金融企业发行，地方政府占 比在 80% 左右(见图 12 - 1)。

(三) 市政债券分类

按照偿债资金来源，美国市政债大致可以分为两类：一般责任 债(General Obligation Bonds，简称 GOs)和收入债券(Revenue Bonds)。

1. 一般责任债券。GOs 以州和地方政府的一般税收权作为

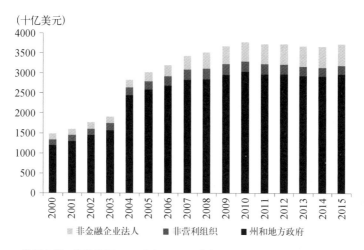

数据来源：美联储"Financial Accounts of the United States"。

图 11-2 美国市政债券发行人结构(2000—2015)

偿债保障，即政府承诺以未来的全部税收和负债能力作为偿债保障。虽然 GOs 以发行人的无限制税收权作为偿债保障，但部分 GOs 在偿债资金来源方面仍受到限制，因此，GOs 又可分为无限征税 GOs(unlimited GOs)和有限征税 GOs(limited GOs)。GOs 主要投资于道路和垃圾处理等非营利项目，这些项目虽然不能直接产生收益，却可以通过增加城市的土地价值等正外部性而形成社会收益，从而产生间接收益。GOs 的发行需要经过严格的预算审批程序，有时甚至需要经过全民公决。

2. 收入债券。收入债券专为某个特定项目融资而发行，偿债资金源于该项目产生的运营收入、政府补贴或者指定的非从价计征税种的税收收入等(招商证券，2014)。如果指定收入来源产生的收入不足以偿付债券的本息，发行人没有义务寻找其他偿债资金来源[1]。收益债券可分为两类：一类是用于传统意义上的公共投资，例如路、桥、隧道建设，自来水厂及污水处理设施建设，学校建设等；另一类是用于地方政府所支持的私人投资，筹集的资金用于支持私人工商业投资或提升辖区内居民，尤其是低收入居民的福利水平。收入债券的发行程序较为简单，在每一个收入型主体运作之前需要有可行性分析报告说明其是否能够完全独立运作。

GOs 在市政债券发展早期占据主导地位，但后来被收入债券逐渐取代。1996—2014 年，收入债券年度发行额占整体市政债券发行额的比重在 54％至 70％之间。2015 年，美国绝大部分州收入债券余额占整体市政债券余额的比重都超过 50％，部分州甚至高达八九成。收入债券取代 GOs 成为市政债主导债券主要有两个方面的原因：其一，与 GOs 相比，收入债券发行所受的限制较少，发行程序相对简单；其二，收入债券有利于市政债发行所支持项目的受益群体和偿债资金来源更好的匹配，即"谁使用、谁付费"。另外，也有文献认为，选择发行 GOs 还是收入债券，与地方的政治竞争的激烈程度有关，例如，Anejia et. al (2015)研究发现，政治竞争越激烈，政府越倾向于发行收入债券(见图 11 - 3)。

---

① 美国 1895 年发行了第一笔收入债券，该债券为位于华盛顿州斯波坎郡 (Spokane，Washington)的水务设施建设融资，偿债资金源于使用者缴纳的水费。

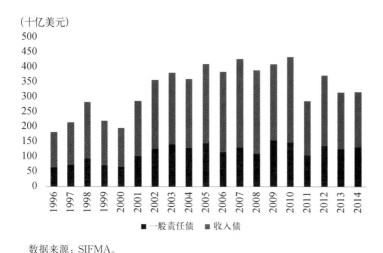

（十亿美元）

数据来源：SIFMA。

图 11‑3　一般责任债券和收入债券年发行规模(1996—2014)

（四）美国市政债券的监管

美国市政债券由州和地方政府直接发行，不需向证券交易委员会注册登记。美国证券交易委员会（SEC）主要根据《证券法》中的反欺诈条款对市政债券进行事后监管。反欺诈条款规定：发行人及其他相关主体在证券发行过程中以及发行后需要承担信息披露义务，严禁对重要事实进行虚假陈述或蓄意隐瞒；披露内容包括官方申明、年报、定期报告、相关事件的定期披露。此外，市政债券的发行也会受到州宪法及本州其他相关法律的约束。而除联邦证券法外，市政债券的发行与交易也受各州证券法（通常被称为蓝天法）的监管。总体来讲，美国市政债券的监管主要是围绕建立完善的信息披露制度展开，并通过对承销商等中介机构行为的监管达到约束发行人行为的目的，以最大限度保护投资人利益。

美国市政债券的监管主体是 SEC 设立的自律组织美国市政债券决策委员会（Municipal Securities Rule-making Board，MSRB），由 MSRB 负责制定规则规范债券发行人、承销商和交易商等相关主体的行为。例如，发行人需要在发债前向 SEC 或 MSRB 提交相关文件；参与交易活动的企业需要向 SEC 注册成为经济商或交易商，其行为受 SEC 所制定条例的监管。MSRB 于 2008 年建立了市政债券信息披露文件集中存档系统 EMMA。

二、美国市政债券的特点

（一）绝大部分市政债券享有免税待遇

美国市政债券最大的特点是其享有的免税待遇，即在满足税法和税务局的某些规定后，市政债券利息可以免缴联邦所得税。在州层面上，一般而言，各州对本州居民购买本州市政债券免除州和地方政府所得税，对其他州发行的市政债券利息则不免税，但是各州之间可以达成相互豁免的税收优惠安排，例如，犹他州就与阿拉斯加、哥伦比亚、佛罗里达、印第安纳、内华达、北达科他、南达科他、德克萨斯、华盛顿以及怀俄明等州达成相互税收豁免。

美国市政债券的免税特征从 1913 年美国所得税法颁布实施以来就开始执行，该项税收优惠是联邦政府、州和地方政府对市政债券给予的间接财政补贴，以吸引投资者参与，降低地方政府融资成本。但是，美国市政债券的免税条款主要适用于个人投资者和市政债券基金①，央行、企业和外国居民等不享有该项优惠。

并非所有市政债券都免税。为了刺激经济，美国于 2009 年出台了《美国复苏和再投资法案》(*American Recovery and Reinvestment Act*，简称 ARRA)，并推出建设美国债券(Build America Bonds，简称 BABs)。BABs 属于不免税债券，但 ARRA 规定 BAB 发行人享有相当于利息支出 35％的补贴，或者减免等量的居民所得税上缴。这极大地刺激了州和地方政府的发债热情，2009—2010 年，美国共计发行了 1 814 亿美元 BABs，占同期长期市政债券发行量的比重将近 24％。此外，美国政府规定当资金投向依据税法不是服务于公共目的时，市政债券的利息将计

---

① 市政债券基金分为国家市政债券基金和州市政债券基金两种，前者可投资于美国所有州和地方政府发行的市政债券，后者仅投资于某个州以及该州地方政府发行的市政债券。两种债券基金发放的利息收入均可免除联邦个人所得税。对于州市政债券基金而言，如果购买者为本州居民，则可以免缴州和地方政府个人所得税。投资者购买国家市政债券基金时，如果基金配置了投资者所在州的市政债券，该部分债券产生的利息收入也可以免缴州和地方政府个人所得税。

入应税收入。像工业收入债券①这类私人性质的市政债券是否应该纳入免税范围也一直是美国国税局和地方政府争论博弈的焦点(王秋石,2008)。

(二) 美国市政债券投资者主要以个人为主

美国市政债投资者主要包括个人、共同基金、银行和保险公司。截至2015年第二季度,以上四类投资者持有市政债券占比分别为42%、28%、13.5%和12.7%。

个人是美国市政债券最主要的投资者。2004年起,美国个人投资者持有的市政债券余额占整体市政债余额的比例一直保持在40%以上,最高时曾达到54%,近几年个人投资者持有的市政债券占比有所下降。共同基金是美国市政债券市场第二大投资者,从2004年起,共同基金持有的市政债券份额一直维持在25%至30%之间的水平。商业银行是美国市政债券第三大投资者,2011年起,商业银行持有的市政债券占比从此前的7%左右上升至13%左右,超越保险公司成为第三大投资者;保险公司是美国市政债券第四大投资者,其持有的市政债份额一直保持在10%至13%的水平。

市政债券投资者结构的演变与美国市政债券税收待遇的改

---

① 美国非金融企业发行的市政债券也被称作工业收入债券(Industry Revenue Bond)。

革息息相关。首先，美国税法规定央行、企业和外国居民等不享有市政债券税收优惠，因此，这些机构持有的市政债券份额很少。其次，历史上银行是市政债券的主要投资者，但是1986年《税收改革法案》规定，银行不再享有市政债券利息税收减免，税收减免优惠主要倾向于个人投资者。自此，银行对市政债券的配置需求显著降低，并最终让位于个人投资者。最后，金融危机后，为了带动经济复苏，《美国复苏和再投资法案》鼓励增加银行免税债券①的发行量，银行持有的市政债券份额又显著增加（见图11－4）。

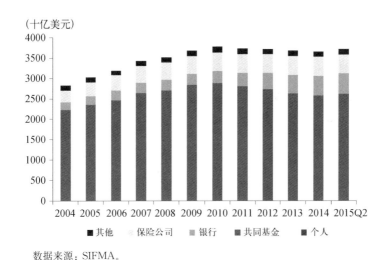

数据来源：SIFMA。

图11－4　美国市政债券投资者结构

---

① 银行免税债券是美国为了支持小微市政债券发行人及公共事业发展，专门为银行打造的一类市政债券，该债券允许银行递减80％包括联邦所得税在内的持券成本。

（三）债券保险是市政债券最主要的外部增信手段

部分市政债券发行主体的规模较小、知名度低，债券发行频率较低。这些发行人通常会借助债券保险和银行信用证等外部增信措施提高其所发行市政债券的信用评级，吸引投资者，降低融资成本。其中，债券保险是市政债券发行中最常用的信用增级措施，即保险人承诺在发行人违约时，将承担无条件、不可撤销的债券本息偿付责任。债券保险的使用率最高时曾超过 50%。美国次级贷款危机爆发后，以次级抵押贷款支持债券为首的债券违约事件大量发生，债券保险公司的偿债能力减弱。2007 年，拥有 AAA 评级的 9 家保险公司全部遭到评级下调，大部分保险公司停止承保新的市政债券，这导致债券保险的使用率从 2005 年接近 57% 的水平一路骤降至 2012 年的 3.5%[①]。随着美国金融市场趋于稳定，保险公司自身经营情况逐渐改善，市政债券保险的使用率将逐渐回升。

（四）成立市政债券银行降低中小发债主体融资成本

美国 8 万多个州以下地方政府大部分拥有发行市政债券的权利，但除少数地方政府属于大规模发行人外，大多数地方政府

---

① 数据来源：http://www.raymondjames.com/truthcapital/pdfs/BondInsurer.pdf

都属于小规模发行人(陈峥嵘,2014)。大多数中小型发债主体由于信用等级较低,资金需求规模小,单独发行市政债的风险溢价和交易成本较高,美国于20世纪70年代初批准成立市政债券银行(Municipal Bond Bank,简称MBB)为那些较小的市政部门提供债券发行服务。MBB首先运用自己的专业知识判断融资主体是否具有偿债能力,然后再以"类资产证券化"的方式,将融资需求较小的中小型市政主体的融资需求打包成"债务池",统一发行单一的债券。MBB可从两个方面降低市政债的融资成本:其一,市政债券银行的信用等级较高,有利于降低融资成本,实现信用等级套利;其二,扩大发行规模,不仅能使其在一级市场上更有竞争力,发挥规模经济效应,节省交易成本,还能扩大二级市场流动性(孙玲玲,2006)。MBB通常建有规模约为债务总额10%左右的储备基金,以减少投资者所面临的违约风险,降低融资成本。储备基金一般投资于国债。

(五) 市政债券的收益率和安全性高于企业债券

1. 美国市政债券的收益率高于相同等级的企业债。据统计,在考虑税收的影响后,美国市政债券的收益不仅显著高于相同期限的国债,也略高于相同评级和期限的企业债。例如,对于税率位于35%档次的投资者而言,10年期AA级市政债券的收益率要比国债高出183个基点,比10年期AA级企业债券高出120个基点(见表11-1)。

表 11-1 市政债与国债和企业债的利差比较

期　限	1年	3年	5年	10年	20年
AA市政债-国债	35	40	70	183	271
AA市政债-AA企业债	4	10	62	120	170

数据来源：皮特堡资本集团，http://www.fortpittcapital.com/municipal-bonds-returns-defaults-rates/。

2. 美国市政债券违约率低于相同等级的企业债。根据穆迪公司 2015 年统计数据显示，1970—2014 年，投资级以上市政债券的 10 年累计违约率为 0.08％，其中，GOs 为 0.02％，非 GOs 为 0.19％，而投资级以上公司债的 10 年累计违约率高达 2.81％。1970—2014 年，经穆迪评级的市政债债券共有 95 只发生违约，其中一般责任债 8 只，收入债券 87 只，绝大部分违约发生在医疗和住房领域（见表 11-2，表 11-3）。

表 11-2 美国市政债券和企业债券十年累计违约率(1970—2014)

穆迪评级	市政债券	GO	非GO	企业债券
AAA	0.00	0.00	0.00	0.48
AA	0.01	0.01	0.04	0.99
A	0.06	0.02	0.13	2.72
BAA	0.37	0.08	0.73	4.41
BA	4.11	0.45	7.25	18.69
B	17.48	1.54	30.14	39.16

续 表

穆迪评级	市政债券	GO	非 GO	企业债券
CAA_C	16.88	5.71	17.84	63.77
投资级	0.08	0.02	0.19	2.81
投机级	7.52	0.74	12.43	32.41
所有评级	0.14	0.02	0.32	11.58

数据来源：Moody(2015)。

表 11-3 美国市政债券违约记录(1970—2014)

	违约数	百分比	一年违约率
资金投向			
住房	44	46.3%	0.088%
医院和医疗服务供应商	23	24.2%	0.090%
基础设施	9	9.5%	0.010%
教育	4	4.2%	0.010%
城市	4	4.2%	0.017%
郡县	3	3.2%	0.025%
偿债来源			
一般责任债券	8	8.4%	0.002%
收入债券	87	91.6%	0.034%
总 计	95	100%	0.015%

数据来源：Moody(2015)。

三、美国市政债券发展对中国的启示

当前，我国市政债券发展正处于探讨和起步阶段，尚未建立一套市政债券发行的常态化机制。2014 年新《预算法》第 35 条赋予省、自治区和直辖市发行地方债券举借债务的权利，清除了我国市政债券发行的根本障碍。2014 年 9 月，国务院发布《关于加强地方政府性债务管理的意见》，提出地方政府可以通过发行一般债券或专项债券的方式举借债务。2015 年，财政部启动地方债务置换计划，将部分逾期或即将到期的高成本债务转换成地方政府债券。2015 年和 2016 年债务置换规模分别为 3.2 万亿元和 4.8 万亿元，我国地方政府债券的规模在短时间内迅速扩容。

2016 年，我国常住人口城镇化率还不到 60%，远低于欧、美、日等发达国家及地区，城镇化进程尚有很长的路要走。随着城镇化的不断推进，对市政基础设施、教育和公共卫生服务等公共产品的需求显著增加，地方政府资金缺口将不断扩大，发展市政债券市场有利于缓解地方政府的资金瓶颈。长期以来，我国地方政府市政基础设施建设主要依靠中央和地方财政投入、银行贷款及信托融资。相比银行贷款，市政债券的期限较长，有利于降低市政建设投资主体资产负债期限错配问题，缓解投资主体的再融资压力；同时，债券的信息披露等监管要求高于银行贷款，透明度较高,有利于约束地方政府的财政纪律,降低预算软约束,促进地方债务阳光化。相比财政投入,债券融资有利于更好实现基础设施受益者和付费者跨期匹配,体现"谁受益、谁付钱"的原则。我国应当鼓励市政债券市场的发展,规范政府融资渠道,让市政债券成为未来我国地方政府负债管理的重要工具。美国市政债券的发展经验为我们提供了如下启示。

(一) 建立合理完善的中央地方分税制度

地方政府税收和使用者付费是美国市政债券主要偿债来源。市政债,特别是 GOs 发行的先决条件是地方政府拥有较大的财政自主权。美国是一个联邦制国家,在联邦、州、郡(县)、市(镇、村)四级政府只存在事权范围、管辖区域上的不同,不存在全面的上下级关系。各级地方政府的事权、财权由宪法和各级独立的法律法规体系规定。总体来讲,联邦政府税收体系以个人所得税、企业所得税为主,州政府税收体系以营业税和所得税为主,地方政府的税收体系以财产税为主。美国财权与事权相匹配的税收体系,使得各级政府各自拥有充足稳定的税收来源,为市政债券还本付息提供了保障,因此,州和地方政府在市政债券发行方面享有较大的自主权。

我国自 1994 年实施分税制改革以后,中央政府与地方政府就一直存在事权和财权划分不合理、不规范的问题,地方政府承担了大量的职责,却没有相应的财权加以保证,因此,我国地方财政收支缺口一直较大[①]，外部融资需求旺盛。地方政府事权大、财权小的格局将严重限制地方政府的发债能力。地方政府有限的举债能力和强烈的融资需求之间矛盾异常突出。在没有理顺中央和地方财政关系的前提下发展市政债券，可能出现两种结果：一种可能是市场意识到地方政府债务偿还能力有限，对市政债券需求不足；另一种可能是明知地方政府债务偿还能力有限，但仍对市政债券追捧不已，因为市场根本不相信中央政府会让地方政府自负其责，中央政府兜底的预期将持续存在。而后一种情况发生的可能性更高。因此，虽然新《预算法》已经赋予省级政府举借债务的权利，但发展市政债券市场必须理顺中央和地方政府的财政关系。以事权和财权相匹配为原则，调整中央和地方税种及分配比例，使主要税种在各级政府之间形成合理配置，确保地方政府有充足的税收来源，充实地方政府的财政实力，从而提高地方政府的债务融资能力，提高"让地方政府自负其责"的可信度。

（二）加强地方财政约束

债券融资对发债主体的信息披露和财政纪律要求较高，但目

---

① 中央政府转移支付是弥补地方财政缺口的主要方式。转移支付存在两个较大的缺陷：一是对基层政府转移支付力度不够。中央政府对省级政府的转移支付大致能够满足其支出需要，但省级政府对市、县、乡基层政府的转移支付力度不足；二是转移支付无规范标准。无论是中央政府对省级政府，还是省级政府对市级及以下基层政府的转移支付，无论是一般转移支付，还是专项转移支付，分配方案都没有规范标准，操作中存在人情、随意性大的缺陷，上下级政府相互讨价、"跑'部'钱进"现象普遍存在。（王立平，2015）

前我国地方财政不独立、财务不透明、预算软约束等问题仍普遍存在，各级政府资产负债率、负债占税收的比重、资金用途等信息披露相当匮乏。而且由于中央政府隐性担保的存在，地方政府往往缺乏财务约束激励，倾向于盲目上项目、盲目举债，导致地方政府投资效率低下，债务负担上升。与此同时，财务信息不透明将导致评级机构、投资者等金融市场参与主体难以评估发债主体的偿债能力和信用等级，难以区分"好政府"和"坏政府"，金融市场定价功能难以发挥，不利于市政债券市场的发展。因此，有必要提高中央和地方预算的独立性，加强地方政府预算约束，增强地方财政透明度。例如，要求发债主体编制资产负债表，并持续定期更新，提高财政透明度；对于收入债券，要披露对应项目可研报告和项目进展等相关信息；提高中央和地方政府预算独立性，完善中央财政转移支付，探索市政债券违约处理机制，要求地方政府为其经济行为负责，削弱隐性担保预期，例如，可考虑通过出售、转让部分地方政府国有资产偿还到期的市政债券。

（三）出台合理的税收优惠政策

免税是美国市政债券的最大特点。一方面，该政策极大促进了个人和共同基金购买市政债券的积极性，美国 70% 左右的市政债券由个人和共同基金持有，有利于将居民储蓄转化为投资，特别是将本地储蓄转化为本地投资，预防资金外流；另一方面，商业银行不享受免税待遇的规定降低了商业银行配置市政债券的比例，这能更好体现市政债券作为直接融资工具的本质，更充分分散风险。当前，我国财政部已经出台规定，"对企业和个人取得的 2012 年及以后年度发行的地方政府债券利息收入，免征企业所得税和个人所得税"。我国应进一步考虑出台更具差异化的税收优惠政策，鼓励社保基金、住房公积金、保险机构及企业年金等非银行机构投资者和居民积极投资于地方政府债券，扩大投资者范围，充分分散风险。

（四）建立完善的市政债券监管体系

完善的市场监管体系对市政债券的健康发展至关重要。完善的监管体系主要体现在三个方面：第一，充分的信息披露。市政债券发行主体要定期披露资产负债信息，针对收入债券还需要公布项目进展和重大信息变更，最大限度保护投资者的利益。第二，严格的追责机制。对披露虚假信息、违规交易等违法行为进行严惩。例如，取消发行人的发债资格，吊销交易商参与交易市政债券的资格，增加市政债券市场参与者的违规成本。可以效仿 SEC，成立专门的机构负责市政债券信息的披露和监管，促进我国市政债券市场健康发展。第三，建立完善的债券违约处置机制，在债券出现偿付危机的时候，积极实施破产保护和债务重组等措施，减少投资者的损失。

（五）加强债券市场基础设施建设

良好的债券市场离不开相关配套设施的建设和发展。第一，注重市政债券做市商队伍的培养，完善做市商制度，培育活跃的市政债券二级市场，提高市政债券的流动性，促进市政债券发行和定价的市场化程度。第二，促进评级机构的发展，提高评级机构的专业素养，使得市政债券的评级能够及时、准确反映发行人的偿债能力和风险的变化，向投资者提供可靠的投资依据。第三，促进债券保险或担保机构的发展，为发行人提供信用增级，提高其债券评级，降低融资成本。

第十二章

日本地方政府债务融资管理：实践及启示

日本 20 世纪 90 年代初经济泡沫破灭，不动产价格暴跌，企业和居民财富大幅下降，企业陷入资产负债表衰退，借贷下降、投资减少，居民收入下滑、消费降低，经济体需求显著萎缩。为了弥补企业和居民需求萎缩造成的产出缺口，日本政府开启了长期的大规模财政刺激之路，通过增加政府支出来弥补私人部门需求萎缩造成的产出缺口，使得日本在经济泡沫破灭后，国内生产总值仍然能够维持在泡沫经济时期的最高点上（辜朝明，2016）。政府收入降低，支出增加，赤字明显攀升，债务融资规模显著增加。日本公共部门债务占 GDP 的比重从 20 世纪 90 年代初不到 50％的水平攀升至当前 200％的水平，这当中既包括中央政府债务也包括地方政府债务。日本属于单一制国家，地方权力由中央授予，经过长时间探索与发展，中央政府对地方政府融资的管理已经形成一套相对成熟的体系。我国与日本均属于单一制国家，金融体系都是以间接融资为主，日本地方政府融资体系对我国地方政府投融资制度改革具有较强的借鉴意义。

一、日本地方政府支出与收入结构

日本地方政府包括两个层级：47 个一级行政区（Prefectures），即通常所称的"都道府县"；1 700 多个二级行政区，即通常所称的市町村（Cities，Special Wards of Tokyo，Towns and Villages）。中央政府负责管理全国性事务，地方政府主要负责管理与居民日常生活密切相关的公共事务，包括医疗卫生、教育、治安、消防以及道路、水务等基础设施。2018 年财年，日本中央政府和地方政府支出比重为 42.5∶57.5。越是与居民日常生活相关的支出，地方政府所占比重越高（见表 12-1，表 12-2）。

表 12-1　2018 年财年日本中央和地方财政支出构成

	占总支出的比重	地方占比	中央占比
		57.5%	42.5%
卫生	3.7%	99%	1%
学校教育	8.8%	87%	13%
司法、警务、消防	4.0%	78%	22%
社会教育费等	2.9%	78%	22%
民生费用	21.9%	70%	30%
国土开发	8.3%	74%	26%
国土保护	1.5%	72%	28%
工商支出	4.5%	62%	38%
灾后重建等	0.8%	78%	22%
公债费用	20.6%	35%	65%

	占总支出的比重	地方占比	中央占比
农林水产业支出	1.7%	45%	55%
住房支出	1.9%	32%	68%
恩给费	0.1%	3%	97%
养老金	6.9%	0%	100%
防卫费	3.2%	0%	100%
一般行政支出	7.8%	78%	22%
其他支出	1.2%	0%	100%

资料来源：日本内务省。

表 12-2　2018 年日本地方政府主要支出构成

	地方政府	都道府县	市町村
公共福利支出	26.2%	15.9 %	36.3%
教育支出	17.2%	20.4%	12.1%
债务支出	12.6%	13.9%	9.6%
土木工程支出	12.1%	11.3%	11.2%
一般行政支出	9.5%	5.7%	12.2%
卫生支出	6.4%	3.2%	8.3%
商业和产业支出	4.9%	6.3%	8.3%

续　表

	地方政府	都道府县	市町村
农林水产业支出	3.3%	4.8%	2.3%
其他	7.8%	18.5%	5.0%
合　　计	100%	100%	100%

资料来源：日本内务省。

2018 年财年,日本中央政府和地方政府税收收入占比为 61.2∶38.8。其中,都道府县占比 17.5%,市町村占比 21.4%。占都道府县税收收入前三位的是都道府县住民税、地方消费税和事业税,占比依次为 31.1%、26.3% 和 24.3%,其次是车辆税、轻油交货税、不动产收购税,占比依次为 8.5%、5.2% 和 2.2%。市町村税收收入来源较都道府县更集中,市町村住民税、固定资产税、城市计划税和市町村烟草税占比依次为 47%、40.5%、5.8% 和 3.8%,住民税和固定资产税占市町村全部税收来源的比重接近 90%。

地方政府收支缺口主要靠中央政府转移支付和债务融资解决。地方政府收入来源主要包括三个渠道,即地方税费收入、中央政府转移支付和债务融资。日本中央政府转移支付占地方政府收入来源的比重大约在 35%,主要是地方交付税和国库支出金,另外还有少量的地方让与税和地方特例交付金。2013—2017 财年,债务融资占日本地方政府收入来源的比重在 10%—12% 之间。

二、日本地方政府债务融资结构及模式

(一) 债务融资结构

日本《地方自治法》第 230 条款授权日本地方政府发行债务进行融资的权利。在日本，一年期以上的地方政府债务统称为地方债(chihousai)，既包括公募债券和私募债券，也包括金融机构贷款。日本《地方财政法》第 5 条规定，地方政府债务融资筹集的资金应主要用于交通、水务、医疗、卫生等领域基础设施建设、运营及维护，也可用于与重大灾后重建有关的临时性大规模支出，还可以用于经常性支出，用途比较多元。与美国地方政府融资主要依靠发行市政债券不同，日本地方政府的融资方式更多元化，包括发行债券和申请贷款，包括公共资金也包括私人部门资金。

总体来讲，日本地方政府债务融资资金来源主要包括四个方面：中央政府提供的融资、地方公共团体金融机构(Japanese Finance Organization for Municipalities，JFM)提供的融资、公开发行债券，以及其他私人部门提供的融资，前两部分称作公共资金，后两部分称作私人部门资金。2003 年以来，日本地方政府债务余额大致维持在 200 万亿日元左右，占 GDP 的比重大约在 35%—40% 之间。日本地方政府债的主要投资者包括银行、保险公司、一般政府和私人养老金，截至 2017 年第四季度，他们持有日本地方政府债务的占比依次为 48.3%、27.5%、15.5%和 2.7%（见图 12-1，图 12-2）。

（十亿日元）

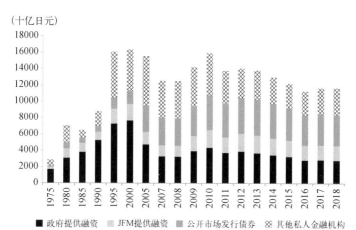

■ 政府提供融资　　▨ JFM提供融资　　▨ 公开市场发行债券　　⊠ 其他私人金融机构

数据来源：日本内务省。

图 12-1　日本地方政府融资来源构成

（万亿日元）

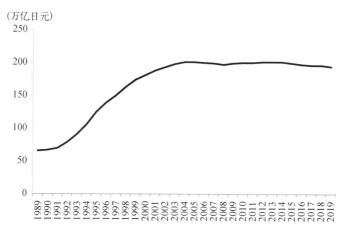

数据来源：日本内务省。

图 12-2　日本地方政府债务余额

(二) 债务融资模式

1. 中央政府提供的融资以 FILP 贷款为主

中央政府提供的融资主要是日本财政投资和贷款计划 (Fiscal Investment and Loan Program, 简称 FILP) 向地方政府发放的贷款。FILP 通过发行政府债券在国债市场进行融资, 向地方政府提供长期、固定利率、低息贷款①, 用于灾后重建、偏远地区和人口稀少地区发展, 以及与人民生活密切相关的基础设施建设等项目。该类债务主要用来支持地方政府五年以上的投资计划, 且必须经过日本国会批准, 是地方政府债务融资所有手段中最安全稳定的。FILP 贷款一度占地方政府融资资金来源的 60% 以上。2001 年改革之前, FILP 的资金主要来源于邮政储蓄和养老金储备存款, 属于被动负债, 资金使用效率较低。2001 年, 日本政府对 FILP 进行改革, 大量压缩 FILP 预算, 并根据资金需求在国债市场发行债券进行融资。随后 FILP 贷款在日本地方政府债务融资中的占比显著下降, 在 2018 年财年中的占比为 24.1%②。

2. JFM 贷款——特殊的地方政府银行贷款

JFM 是日本地方公共团体金融机构的简称, 成立于 2008

---

① 此外, FILP 还向政策急需的、具有潜在回报的, 但由于风险太高而无法获得充足私人部门资金的项目提供风险资金, 还向 FILP 机构发行的债券和借款本息进行担保。

② 资料来源: 日本财政部, Overview of Fiscal Investment and Loan Program。

年,是由日本地方政府共同出资成立的类政策性银行机构。JFM
主要在资本市场公开发行债券进行融资,专门向地方政府供水、
污水处理、交通、医院、公共住房等基础设施建设项目提供长期、
低息贷款,也为地方政府一般收入缺口提供临时财政对策融资
(Temporary Financial Countermeasures Funding)①。地方政府
和市政企业都可以向 JFM 申请贷款,但申请贷款须获得总务省
或所在一级行政区长官的同意,自成立以来,JFM 从未出现过贷
款违约。JFM 是全球唯一一个由一国所有地方政府都参与出资
的公共团体②,出资比例由地方政府在 JFM 的贷款余额以及财
政能力决定,截至 2019 年 3 月,全日本 1 789 个地方政府总共对
JFM 出资 1.2 亿美元,其中,都道府县出资占比 38.4%、市(不含
政令市)和东京特别区出资占比 38.4%、政令市③(Government-
designated cities)出资占比 17.3%、町村和地方政府协会出资占
比 6.3%。截至 2019 年 3 月底,JFM 共有资产总额 2 217 亿美
元,负债 2 190 亿美元,净资产 26.6 亿美元。

　　自 2012 年财年以来,JFM 贷款占日本地方政府债务融资来

① 根据《地方政府财政法》,临时财政对策融资用来覆盖地方政府一般收入缺
　口。为了确保临时财政对策融资的本息支付,中央政府会将本息支出包含在
　地方分配税拨款中。
② JFM 前身可以追溯到 1957 年由日本中央政府出资建立的日本公共事业金融
　公司(JFME)。2008 年,JFM 成立并继承了 JFME 的资产与负债,并将中央政
　府的投资返还。
③ 根据日本地方自治法案规定,50 万人以上的市被称作政令市。政令市在社会
　福利、食品安全、城市规划等原则上由对应都道府县管辖的事务上具有管
　理权。

源的比重保持在 15％—16％之间。为了匹配基础设施投资建设周期长的特点，JFM 的贷款期限一般较长，15 年、20 年、25 年、30 年、40 年不等。截至 2019 年 3 月，JFM 持有贷款余额 23.5 万亿日元（约 2 119 亿美元）。从用途来看，污水处理项目贷款占比 31.6％，临时财政对策融资占比 23.9％，供水项目融资占比 13.9％，医院项目融资占比 4.5％，交通运输融资占比 3.6％，其余贷款占比 22.5％。从借款者结构来看，都道府县贷款占比 20.9％，政令市贷款占比 15.4％，市町村（含东京特别区）贷款占比 61％，地方政府企业和协会贷款占比 2.8％。JFM 的宗旨是为地方政府基础设施建设投资提供长期低息贷款，因而在贷款利率制定方面，JFM 坚持依据融资成本制定贷款利率①，为了进一步减轻地方政府的融资成本，JFM 还用地方政府举办的各类赛事获得的部分收益成立了贷款利率削减基金（Fund for Lending Rate Reduction），截至 2019 年 3 月，该基金规模达 0.9 万亿日元（83 亿美元）。

JFM 主要通过在资本市场发行没有政府担保的债券（JFM Bonds）来筹集资金，也发行少量担保债券和长期银行贷款。非担保债券又包括国内公开发行的债券、国内非公开发行债券和海外发行的债券。以 2018 年财年为例，JFM 发行了 149 亿美元非

---

① JFM 贷款利率包括两类：标准贷款利率、特殊贷款利率。标准贷款利率主要参考 JFM 的负债利率设定，覆盖 JFM 的融资利率。特殊贷款利率等于中央政府财政贷款基金提供的最低利率，低于基准利率 0.35 个百分点，截至 2018 年财年，大约 99％的 JMF 贷款都是特别贷款利率。标准利率和特殊利率之间的利差由贷款利率削减基金覆盖。

担保债券,其中 73 亿美元国内公开发行债券、44 亿美元国内非公开发行债券、32 亿美元海外发行债券,23 亿美元担保债券和 4亿美元长期银行贷款。截至 2019 年 3 月,JFM 债券余额为 20.3万亿日元(1 838 亿美元),长期银行贷款余额 0.1 万亿日元(12 亿美元)。地方政府对 JFM 的债务负有连带责任,JFM 持有 250 亿美元左右的利率波动储备金以应对由于资产负债久期缺口而造成的利率风险,因而,JFM 的信用评级在日本公共机构中是最高的,与日本中央政府相同。

3. 直接在资本市场公开发行地方政府债券

目前,在资本市场公开发行债券是日本地方政府债务融资来源中占比最大的,2013—2018 年,公开发行债券筹集资金占比大致维持在 32%—33%,年发行规模在 6 000 亿美元—7 000 亿美元之间。与美国市政债类似,投资者购买并持有日本地方政府债券获得的利息免缴个人所得税。而且,日本所有公开发行的地方政府债券本息偿付都受到中央政府的担保。日本地方政府债券的投资者主要包括银行、保险公司、一般政府,其次是私人养老基金、非金融企业、海外投资者和居民,截至 2019 年 3 月,上述投资者持有地方政府债券的占比依次为 53.2%、23.4%、14.9%、2.6%、1.1%、1.1%和 0.5%①。

日本各地方政府可以单独发行债券,也可以跟其他地方政

---

① 资料来源：日本地方政府债务协会,Local Government Bonds System in Japan. www.chihousai.or.jp。

一起联合发行债券,即联合地方政府债券(Joint‐LGB)。联合地方政府债券有利于增加单只债券的规模、信用等级,从而提高地方政府债券市场的流动性和影响力。联合地方政府债券是日本地方政府债券市场的基准债券,每月定期发行一次,每次发行规模约为1 000亿日元,除利息外的发行条件均相同。目前,能够参与联合债券发行的地方政府仅有36个规模较大的地方政府,包括24个都道府县和12个政令市。联合发行主体负责偿还各自的债务,但是对整体联合地方政府债券的偿付具有连带责任。36个联合地方政府债券发行主体共同成立了"流动性特殊沉没资金"来担保债券本息支付,以应对突发紧急情况,规模相当于当年偿付额的十分之一。截至2017年末,日本联合地方政府债券余额将近14.1万亿日元(约1 270亿美元),2012—2017年,联合地方政府债券发行占日本地方政府债券发行规模的20%—25%。

除了全国性公开发行地方债,日本地方政府从2002年开始还发行少量的"居民参与型公募地方债"(citizen-participation publicly-offered local bonds),以吸引地方政府所在的当地居民,或者其他特定公民购买债券,主要用于修建或完善当地的公共设施,如医院、学校、图书馆、公园、公路等。居民参与型公募地方债在促进日本地方债发行方式多元化发展的同时,也增加了当地居民的参与意识(杜洋,2015)。

4. 其他私人金融机构及部门提供的融资

除了中央政府贷款、JFM贷款和公开发行地方政府债券,日本地方政府还可以以自身名义向商业银行、信托银行等金融机构申请银行贷款、信托贷款等多种形式的借款。目前，该类方式筹集资金来源占比大约在27%—28%之间。

总体而言，新世纪以来，伴随日本财政投资和贷款计划(FILP)改革、日本邮政私有化改革、融资政策改革等一系列改革实施，私人部门提供的资金在地方政府融资来源中的占比逐渐增加。

三、日本地方政府债务风险防控体系

从历史来看，日本地方政府债务从未出现过违约，这得益于中央政府出台了多种措施控制地方政府债务风险。日本主要依据《地方政府财政健全化法》对地方政府财政健康状况进行监管，总体来讲，中央政府主要从三个方面来管控地方政府债务风险。

（一）中央政府为地方政府债务提供担保

日本内务省每个财政年度都会制订地方政府财政计划(local government financial program)，明确当年地方政府债务融资额度，并据此制订地方政府借贷计划(local government borrowing program)，对本财年地方政府债务融资进行管理，地方政府借贷计划与中央政府预算制定密切相关。日本都道府县在发行债务前必须咨询或告知内务省,市町村发行债务前需咨询或告知其所在都道府县长官①。地方政府必须获得同意才能申请公共资金融资,财政状况恶化的地方政府,即实际债务偿付比率超过18%或者出现财政赤字的地方政府,必须获得批准才能发行债务。中央政府对其批准发行的地方政府债务的本息偿还提供担保,并将债务本息支出纳入地方分配税(local allocation tax,LAT)体系。地方政府在没获得同意的情况下进行融资,相关本息支付不纳入地方分配税安排,不能获得中央政府担保。

(二) 地方分配税体系确保日本地方政府财政收支平衡

地方分配税是日本中央政府为了平衡地方政府财政收入、促进地区间基本公共服务均等化而出台的中央税收转移支付安排。各地方政府获得的地方分配税额度等于该地本财年标准财政需求与标准财政收入之间的差额。标准财政需求里包含本财年地方政府债务本息支出(刘琳、孙磊,2012)。地方分配税是地方政府重要资金来源,占比接近20%,在确保地方政府维持一定水平的公共服务方面发挥了重要作用。市政团体规模越小,其对地方分配税的依赖就越大。据披露,2017财年地方分配税收入占日本中等城市、小城市、大町村(1万人以上)

---

① 公共资金融资采取协商咨询(consultation)方式,私人资金融资采取备案告知(notification)方式。2006年以前,日本地方政府发行债务要经过审批,2006年财政分权改革后,债务发行从审批制改为协商制。

和小町村(1 万人以下)总收入的比重依次为 11.1％、23.4％、25.1％和 36.6％。中央政府将五项中央税种按照法律规定的比例计提加总计算得出历年地方分配税规模。为了弥补资金缺口，2001 年起，日本政府创设临时财政对策融资制度，将原本应作为地方分配税支付给地方政府的部分资金改为地方政府通过发行地方债务的方式来获得资金补偿。将地方债务体系与中央税收转移支付体系相结合使得中央政府能够控制和引导地方政府的举债行为。

(三) 完备的信息披露机制和积极的风险预警体系

日本政府建立了与地方政府财政收支相关的充分的信息披露机制。地方政府必须按时披露财政收支状况、实际赤字率、合并实际赤字率、实际债务偿付率及未来债务负担等信息。同时，所披露的信息还要接受第三方审计。公营企业也要定期披露信息并接受审计，以免出现隐性负债。地方政府必须充分披露包括或有债务在内的财政信息。如果某个地方政府债务负担超过警戒线，它必须采取必要措施实施财政巩固计划(financial soundness plan)。如果财政状况进一步恶化，则必须采取措施实施财政重建计划(financial rebuilding plan)。实施财政重建计划的地方政府除了为灾后重建融资，不得发行债务进行融资。地方公共企业也必须保持财务稳健(见表 12－3)。

表 12-3 地方政府债务预警指标

	财政巩固警戒线	财政重建警戒线
实际赤字率	都道府县：3.75% 市町村：11.25%—15%	都道府县：5% 市町村：20%
合并实际赤字率*	都道府县：8.75% 市町村：16.35%—20%	都道府县：15% 市町村：30%
实际债务偿付率	25%	35%
未来债务负担比率	都道府县、政令市：400% 市町村：350%	
资金缺口比（公营企业）	20%	

资料来源：日本内务省。

注：*合并实际赤字率包含了地方一般预算账户和公营企业账户。

四、启示与借鉴

（一）探索多元化的地方政府融资体系

日本地方政府的融资方式并不囿于在债券市场公开发行债券融资，形式非常多元。除了发行公募债券，地方政府还可以获得中央政府转贷资金，还可以向政策性金融机构（JFM）和私人金融机构申请贷款。多元化的融资方式有利于满足不同类型地方政府不同种类的融资需求。例如，在资本市场发行公募债券融资的门槛其实很高，仅适用于少数规模较大的地方政府。事实上，2018 年财年，全日本仅有 55 个地方政府在资本市场公开发行债券融资，其中 35 个是都道府县、20 个是规模较大的政令市。一些规模较小、财政较弱的地方政府更多只能依靠间接融资。

按照新《预算法》规定，我国省、自治区和直辖市以及部分计划单列市具有自主发行债券举借债务的权利，市县一级尚不能自主发行债券融资。地方政府可以通过发行一般债券或专项债券的方式举借债务。当前，我国地方政府合规的举债方式十分单一。我国金融体系是以银行为主导的间接融资体系，单纯依靠发行地方政府债券可能影响地方政府融资效率。在实践中，我国绝大部分地方政府债券仍然由商业银行购买并持有。对此，我国可以借鉴日本的经验，明确规定银行等金融机构可以为地方政府融资，但地方政府有义务对其融资来源进行披露。同时，推动银行业改革，提高商业银行独立运营的能力，提升监管水平和效率，避免一些地方性中小银行演变成当地政府的融资平台。

（二）充分利用政府信用降低政府投资融资成本

基础设施投资具有很强的外部性，建设周期长、投资回报慢，大量长期低成本资金的支持必不可少。从实践来看，日本中央政府主要通过三种方式来降低地方政府公共投资支出的融资成本。

一是向批准的地方政府债务提供担保，二是以自身信用在国债市场融资并转贷给地方政府使用，三是批准地方出资设立 JFM 向地方政府发行长期低息贷款。

在新《预算法》实施前，我国地方政府没有对外举债的权利。1994 年分税制改革后，在财政收支方面，逐渐形成地方政府财权小、事权大的格局，地方政府基础设施建设和公共服务支出资金来源紧张。特别是，随着我国经济不断发展，城镇化进程稳步推进，市政基础设施投资需求显著增加，地方政府的资金供需矛盾日益凸显。地方政府开始通过划拨土地、注入优质资产或国企股权等方式搭建融资平台为地方公共投资支出进行市场化融资，诸如发行城投债、申请银行贷款、信托贷款等。为应对国际金融危机的"四万亿"大规模刺激方案出台后，地方融资平台如雨后春笋般涌现。一方面，融资平台的融资享受着地方政府的隐性担保；另一方面，却要支付远高于政府债券的融资成本，市县一级融资平台的融资成本在一些时期甚至超过 10%，地方政府的信用并没有被很好利用。融资成本过高是导致地方政府债务快速攀升的重要原因之一。

根据国务院 2014 年 43 号文，剥离融资平台公司政府融资职能，地方政府只能通过发行债券举借债务，对地方政府债务规模实行限额管理，地方政府对其举借的债务负有偿还责任，中央政府实行不救助原则。但这当中存在两个主要问题，一是每年新增地方政府债务限额与当年基础设施建设投资所需外部融资规模相比差距依然较大，优质项目主要是以项目法人为主体开展市场化项目融资，一些公益类、准公益类项目通过融资平台进行融资的现象依然存在，融资成本显著高于地方政府债券。二是从法律上讲，我国属于单一制政府，地方政府接受中央政府领导，中央政府自然也对地方政府的债务负有担保和清偿责任，对于投资者而言"让地方政府自负其责"基本是不可信的。由此可考虑借鉴日本的经验，建立一套全国统一的系统，由中央政府统一规范地方政府的融资行为，同时，明确为合规的地方政府融资提供担保，切实降低地方政府融资成本。同时，我国还可以借鉴日本 JFM 的经验，成立中国版的 JMF，为地方政府公共投资提供长期低息融资。

（三）建立完备的地方债务风险管理体系

日本中央政府在对地方政府债务提供担保的同时，还建立了一套完备的地方政府债务风险管理体系来防范地方政府债务风险。这主要包括充分的信息披露和风险预警两大部分。我国在这方面的工作却非常欠缺。首先是信息披露明显不足，各级地方政府的财务收支状况、债务负担情况以及债券用途及相关项目进展等信息都披露不足。其次，我国也未明确的地方政府债务预警指标及一套相对应的财政整顿方案。这就导致中央对地方政府的举债行为缺乏有效的约束，以及加剧地方政府的机会主义倾向，所谓"撑死胆大的，饿死胆小的"，激进的地方能大干快上，保守的地方反而落后了。

（四）注重对地方政府债券市场的培育

为了提高日本地方政府债券市场的影响力，日本创设了联合发行地方政府债券来提高单支债券的规模和信用，以提高地方政府债券市场的流动性及影响力。截至 2020 年底，我国地方政府债券余额已经达到 25.5 万亿元，已成为我国债券市场规模最大的品种。与此同时，地方政府债券二级市场交易却很清淡，债券流动性不足问题突出。2020 年全年，地方政府债券总交易额仅为 13.5 万亿元，同期国债和政策性金融债交易总额分别为 46.5 万亿和 88.6 万亿。地方政府债券换手率仅为 0.58，远低于政策性金融债（5.21）和国债（2.49），也低于中期票据（1.61）。地方政府债券市场的深度仍有待培育。我国可以借鉴日本经验，挑选几个经济发达、财政状况良好的省份在金融市场定期发行地方政府债券，作为地方政府债券市场的基准债券，以提高地方政府债券市场的影响力，从而提高地方政府债券市场流动性。

参考文献

1. 蔡昉.生产率、新动能与制造业——中国经济如何提高资源重新配置效率[J].中国工业经济,2021(5).

2. 查尔斯·古德哈特,玛诺吉·普拉丹.人口大逆转——老龄化、不平等与通胀[M].北京:中信出版社,2021.

3. 陈碧琼,张梁梁,曹跃群.省际公共资本存量估算与区域配置[J].经济科学,2013(4).

4. 陈昌兵.可变折旧率估算与资本存量测算[J].经济研究,2014(12).

5. 陈昌兵.可变折旧率的另一种估算方法[J].经济研究,2020(1).

6. 陈晨,张帆,刘中全.2000—2018年中国省际异质性研发资本存量测算[J].软科学,2021(1).

7. 陈卫东,张兴荣,熊启跃,原晓惠.中国银行业对外开放:发展、影响与政策[J].金融监管研究,2018(10).

8. 陈峥嵘.市政债券与城镇化建设——理论分析、国际经验与政策建议[J].证券市场导报,2014(6).

9. 杜洋.日本城镇化及其融资模式对我国的经验借鉴[J].工业经济论坛,2015(5).

10. 范德成,刘希宋.产业投资结构与产业结构的关系分析[J].学术交流,2003(1).

11. 龚六堂,谢丹阳.我国省份之间的要素流动和边际生产率的差异分析[J].经济研究,2004(1).

12. 辜朝明.大衰退——宏观经济学的圣杯[M].喻海翔,译.北京:东方出版社,2016.

13. 国家统计局固定资产投资统计司.中国固定资产投资统计数典(1995—2000)[M].北京:中国统计出版社,2002.

14. 郭凯明,王藤桥.基础设施投资对产业结构转型和生产率提高的影响[J].世界经济,2019(11).

15. 郭凯明,潘珊,颜色.新型基础设施投资与产业结构转型升级[J].中国工业经济,2020(3).

16. 胡李鹏,樊纲,徐建国.中国基础设施存量的再测算[J].经济研究,2016(8).

17. 黄先海,刘毅群.物化技术进步与我国工业生产率增长[J].数量经济技术研究,2006(4).

18. 黄勇峰,任若恩,刘晓生.中国制造业资本存量永续盘存法估计[J].经济学(季刊),2002(2).

19. 何枫,陈荣,何林.我国资本存量的估算及其相关分析[J].经济学家,2003(5).

20. 贾润崧,张四灿.中国省际资本存量与资本回报率[J].统计研究,2014(11).

21. 金凤君.基础设施与经济社会空间组织[J].北京:科学出版社,2012.

22. 金戈.中国基础设施资本存量估算[J].经济研究,2012(4).

23. 金戈.中国基础设施与非基础设施资本存量基期产出弹性估算[J].经济研究,2016(5).

24. 江静,徐慧雄,王宇.以大规模技术改造促进中国实体经济振兴[J].现代经济探讨,2017(6).

25. 雷辉,潘欣.中国分行业资本存量的测算及行业间投资效率比较分析

[J].上海对外经贸大学学报,2016(11).

26. 李丹,方红生.中国居民储蓄、财政空间与政府债务可持续性[J].世界经济,2021(6).

27. 李粉,邹晓梅.我国基础设施投资历程、基本经验和未来展望[J].中国物价,2023(6).

28. 李伟杰,陈亮.中国省际信息产业资本存量的估算:1991—2008[J].统计与决策,2011(15).

29. 李治国,唐国兴.资本形成路径与资本存量调整模型[J].经济研究,2003(2).

30. 李扬.将地方政府债务关进制度笼子[J].中国金融,2019(13).

31. 李扬.新常态下应发挥好投资的关键作用[J].金融研究,2015(2).

32. 刘琳,孙磊.日本转移支付制度概述及经验借鉴[J].商业研究,2012(3).

33. 刘东民.中国城投债:特征、风险与监管[J].国际经济评论,2013(3).

34. 刘立峰.2019基础设施投资怎么办[J].中国经贸导刊,2019(8).

35. 刘立峰,邹晓梅.打好基础设施建设"下半场"[J].经济,2022-6-9。

36. 刘立峰.地方政府投融资及其可持续性[M].北京:中国发展出版社,2015.

37. 刘满平.我国实现"碳中和"目标的意义、基础、挑战与政策着力点[J].价格理论与实践,2020(2).

38. 马骏.绿色金融如何支持中国"30·60目标"[J].国际金融,2021(5).

39. 倪泽强,汪本强.中国升级公共物质资本存量估算:1981—2013[J].经济问题探索,2016(2).

40. 邱晓华,李衡,张艳杰,徐灼,唐玉.绿色金融支持碳中和目标:国际国内实践及借鉴[J].保险理论与实践,2021(6).

41. 任荣荣,程选,刘琳,岳781强,李嘉."十四五"时期促进房地产市场平稳健康发展的建议[J].中国经贸导刊,2021(5).

42. 单豪杰.中国资本存量K的再估算:1952—2006年[J].数量经济技术经济研究,2008(10).

43. 沈利生,乔红芳.重估中国的资本存量：1952—2012[J].吉林大学社会科学学报,2015(4).

44. 宋海岩,刘淄楠,蒋萍.改革时期中国总投资决定因素的分析[J].世界经济文汇,2003(1).

45. 苏剑,康健.储蓄率决定因素的国际比较分析——兼论人口因素对中国储蓄率的影响[J].开发性金融研究,2015(5).

46. 孙辉.中国准市政债券的特征及其成因分析[J].金融研究,2004(11).

47. 孙玲玲.国外市政债券银行的运作及启示[J].统计与决策,2006(3).

48. 孙琳琳,任若恩.转轨时期我国行业层面资本积累的研究——资本存量与资本流量的测算[J].经济学(季刊),2014(4).

49. 孙早,杨光,李康.基础设施投资对经济增长的贡献：存在拐点吗？——来自中国的经验证据[J].财经科学,2014(6).

50. 世界银行.1994年世界发展报告：为发展提供基础设施[M].北京：中国财政经济出版社,1994.

51. 唐建新."超前"抑或"滞后"——西方发展经济学关于基础设施发展模式理论评书[J].投资研究,1999(1).

52. 唐文进,苏帆,彭元文.财政疲劳、储蓄渠道与中国政府债务上限的测算[J].财经研究,2014(10).

53. 田友春.中国分行业资本存量估算：1990—2014年[J].数量经济技术经济研究,2016(6).

54. 王金田,王学真,高峰.全国及分省份农业资本存量K的估算[J].农业技术经济,2007(4).

55. 王小鲁,樊纲,刘鹏.中国经济增长方式转换和增长可持续吗[J].经济研究,2009(1).

56. 翁宏标,王斌会.中国分行业资本存量的估计[J].统计与决策,2012(12).

57. 王克,刘芳名,尹明健,刘俊伶.1.5℃温升目标下中国碳排放路径研究

[J].气候变化研究进展,2021(1).

58. 王立平.市政债券：破解城镇化融资困境的路径研究[J].当代经济管理,
    2015(9).

59. 王秋石."用明天的钱办明天的事"——美国市政债券制度评述[J].公共
    行政评论,2008(3).

60. 吴方卫.我国农业资本存量的估计[J].农业技术经济,1999(6).

61. 吴亚平.基础设施投融资：理论、实践与创新[M].北京：经济管理出版
    社,2022.

62. 项目综合报告编写组.中国长期低碳发展战略与转型路径研究综合报告
    [J].中国人口·资源与环境,2020(11).

63. 肖冶合.美国市政债券及其对中国的启示[J].首都师范大学学报（社会
    科学版）,2009(5).

64. 谢春玲,费利群.供给结构改革与需求结构改革互动关系研究[J].经济
    学家,2017(5).

65. 徐高.宏观经济学二十五讲——中国视角[M].北京：中国人民大学出版
    社,2019.

66. 徐杰,段万春,杨建龙.中国资本存量的重估[J].统计研究,2010(12).

67. 徐启元,胡祖铨,邹晓梅.中国适宜投资率问题研究[J].宏观经济研究,
    2018(6).

68. 徐唯燊,窦红涛.省际基础设施发展水平评估与启示[R].中国宏观经济
    研究院工作论文,2022.

69. 徐现祥,周吉梅,舒元.中国省区三次产业资本存量估计[J].统计研究,
    2007(5).

70. 徐忠,曹媛媛.低碳转型：绿色经济、转型金融与中国未来[M].北京：中
    信出版集团,2022.

71. 许宪春.准确理解中国的收入、消费和投资[J].中国社会科学,2013(2).

72. 许宪春.中国国民经济核算中的若干重要指标与有关统计指标的计算[J].世界经济,2014(3).

73. 薛俊波,王铮.中国17部门资本存量的核算研究[J].统计研究,2007(7).

74. 姚战琪.中国服务业开放度测算及其国际竞争力分析[J].中国经贸,2018(9).

75. 杨轶波.中国分行业物质资本存量估算[J].上海经济研究,2020(8).

76. 杨玉玲,郭鹏飞.省际第三产业资本存量：框架、检验及动态规模[J].数量经济技术经济研究,2017(10).

77. 叶江文.供给侧结构性改革中促进外资流入的国际经验借鉴[J].南方论刊,2018(11).

78. 叶宗裕.中国省际资本存量估算[J].统计研究,2010(12).

79. 余永定.供给侧结构性改革不是大杂烩[J].财经,2016(52).

80. 詹宇波,王梦韬,王晓萍.中国信息通信技术制造业资本存量度量：1995—2010[J].世界经济文汇,2014(4).

81. 赵宇飞,吴燕霞.突破技术"卡脖子",又被市场"卡脖子"：卖不出去的"首台套"[J].半月谈,2021(14).

82. 赵志耘,吕冰洋,郭庆旺,贾俊雪.资本积累与技术进步的动态融合：中国经济增长的一个典型事实[J].经济研究,2007(11).

83. 招商证券.美国市政债历史研究与借鉴[R].2014-4-22.

84. 张斌.从制造到服务：结构转型期的宏观经济学[M].北京：中信出版集团,2021.

85. 张长春,徐文舸,杜月等.中国生产率研究：现状问题与对策[M].北京：社科文献出版社,2018.

86. 张军,吴桂英,张吉鹏.中国省际物质资本存量估算：1952—2000[J].经济研究,2004(10).

87. 张军,章元.对中国资本存量K的再估计[J].经济研究,2003(7).

88. 张学良.中国交通基础设施促进了区域经济增长吗?——兼论交通基础设施的空间溢出效应[J].中国社会科学,2012(3).

89. 朱鹤.从贸易视角看中国制造业的前景与升级路径[R].本文为作者的工作论文,未公开发表,部分研究成果收录在何帆所著《变量2:推演中国经济基本盘》,2019.

90. 中国国际工程咨询公司等.工业企业技术改造升级投资指南[M].北京:电子工业出版社,2020.

91. 周子彭,张帅帅等.碳中和之绿色金融:以引导促服务,化挑战为机遇.(2021 - 03 - 22).https://mp.weixin.qq.com/s/igQCuCsXtB5Lrc - lKtqMGA.

92. 钟正生.制造业投资的"短"与"长"[J].清华金融评论,2021(1).

93. 钟正生,张德礼,张璐.投资视角下的碳中和[EB/OL].2021 - 04 - 11.https://mp.weixin.qq.com/s/xrM6HEp-n5yI1OSHq-fbiQ.

94. 曾培炎主编.新中国经济50年(1949—1999)[M].北京:中国计划出版社,1999.

95. 邹晓梅,徐文舸.美国外资安全审查:流程、重点、趋势与启示[J].中国经贸导刊,2018(7).

96. 邹晓梅,吴有红,梁城城.破解现代化基础设施体系建设融资梗阻的政策建议[J].中国经贸导刊,2023(6).

97. 邹至庄.中国经济转型[M].北京:中国人民大学出版社,2005.

98. AGENOR P R, MORENO-DODSON B. Public infrastructure and growth: new channels and policy implications[R]. The World Bank Policy Research Working Paper Series 4064, 2006.

99. AKSOY Y, BASSO H S, SMITH R P, GRASL T. Demographic Structure and Macroeconomic Trends[J]. American Economic Journal: Macroeconomics, 2019(1).

100. ANEJA A, MOSZORO M, SPILLER P T. Political Bonds: Political Hazards and the Choice of Municipal Financial Instruments[R]. NBER Working Paper No. 21188, 2015.

101. ANDRÉS L, BILLER D, DAPPE M H. Infrastructure Gap in South Asia Infrastructure Needs, Prioritization, and Financing[R]. World Bank Policy Research Working Paper 7032, 2014.

102. CBO. Public Spending on Transportation and Water Infrastructure 1956 to 2014[R]. Congressional Budget Office, Congress of the United States, 2015.

103. Credit Suisse. Global Wealth Report 2021[R]. June 2021.

104. ERP. Infrastructure Investment to Boost Productivity, Chapter 4 in Economic Report of the President Together with The Annual Report of the Council of Economic Advisers, 2018.

105. ESTACHE A, FAY M. Current Debates on Infrastructure Policy [R]. Commission on growth and development working paper ; no. 49 Washington, D.C. : World Bank Group. http://documents.worldbank.org/curated/en/131091468167946991/Current-debates-on-infrastructure-policy.

106. Global Financial Market Association. Climate Finance Markets and the Real Economy[R]. 2020.

107. GLAESER L, POTERBA J M. Economic Analysis and Infrastructure Investment[R]. NBER working paper, 2020.

108. International Energy Agency. Net Zero by2050: A Roadmap for the Global Energy Sector [R]. 2021.

109. Japanese Finance Organization for Municipalities. JFM 历年年报[R/OL]. www.jfm.go.jp/en/.

110. Moody. US Municipal Bond Default and Recoveries 1970 - 2014

［R］. Moody's Investor Service，2015.

111. RAMEY V A. The Macroeconomic Consequences of Infrastructure Investment［R］. NBER Working Paper No. 27625，2020.

112. SCHWAB K. The global competitiveness report 2019［R/OL］. ［2022 - 07 - 05］. https：//www3. weforum. org/docs/WEF＿TheGlobalCompe titivenessReport2019. pdf.

113. TIMILSINA G，HOCHMAN，G，SONG，A. Infrastructure，Economic Growth，and Poverty：A Review. World Bank Policy Research Working Paper 9258，2020.

114. VAGLIASINDI M，GORGULU N. What Have We Learned about the Effectiveness of Infrastructure Investment as a Fiscal Stimulus? A Literature Review［R］. World Bank Policy Research Working Paper 9796，2021.